I0673644

Smoke

Ivan Turgenev

Дым

Иван С. Тургенев

Smoke

Copyright © 2018 by Indo-European Publishing
All rights reserved.

ISNB: 978-1-60444-887-0

Дым

© Индоевропейских Издание , 2018

ISNB: 978-1-60444-887-0

ДЫМ

I

10 августа 1862 года, в четыре часа пополудни, в Баден-Бадене, перед известною "Conversation" толпилось множество народа. Погода стояла прелестная; все кругом - зеленые деревья, светлые дома уютного города, волнистые горы, - все празднично, полною чашей раскинулось под лучами благосклонного солнца; все улыбалось как-то слепо, доверчиво и мило, и та же неопределенная, но хорошая улыбка бродила на человечьих лицах, старых и молодых, безобразных и красивых. Самые даже насурмленные, набеленные фигуры парижских лореток не нарушали общего впечатления ясного довольства и ликования, а пестрые ленты, перья, золотые и стальные искры на шляпках и вуалях невольно напоминали взору оживленный блеск и легкую игру весенних цветов и радужных крыл; одна лишь повсюду рассыпавшаяся сухая, гортанная трескотня французского жаргона не могла ни заменить птичьего щебетанья, ни сравниться с ним.

А впрочем, все шло своим порядком. Оркестр в павильоне играл то попурри из "Травиаты", то вальс Штрауса, то "Скажите ей", российский романс, положенный на инструменты услужливым капельмейстером; в игорных залах, вокруг зеленых столов, теснились те же всем знакомые фигуры, с тем же тупым и жадным, не то изумленным, не то озлобленным, в сущности хищным выражением, которое придает каждым, даже самым аристократическим чертам картежная лихорадка; тот же тучноватый и чрезвычайно щегольски одетый помещик из Тамбова, с тою же непостижимою, судорожною поспешностью, выпуча глаза, ложась грудью на стол и не обращая внимания на холодные усмешки самих "крупиэ", в самое мгновенье возгласа "Rien ne va plus!" рассыпал вспотевшею рукою по всем четвероугольникам рулетки золотые кружки луидоров и тем самым лишал себя всякой возможности что-нибудь выиграть даже в случае удачи, что нисколько не мешало ему, в тот же вечер, с сочувственным негодованием поддакивать князю Коко, одному из известных предводителей дворянской оппозиции, тому князю Коко, который в Париже, в салоне принцессы Матильды, в присутствии императора, так хорошо сказал: "Madame, le principe de la propriete est profondement ebranle en Russie". К русскому дереву - a l'Arble russe - обычным порядком собирались наши любезные соотечественники и соотечественницы; подходили они пышно, небрежно, модно,

1

приветствовали друг друга величественно, изящно, развязно, как оно и следует существам, находящимся на самой высшей вершине современного образования, но, сойдясь и усевшись, решительно не знали, что сказать друг другу, и пробавлялись либо дрянненьким переливанием из пустого в порожнее, либо затасканными, крайне нахальными и крайне плоскими выходками давным-давно выдохшегося французского экс-литератора, в жидовских башмачонках на мизерных ножках и с презренною бородкой на паскудной мордочке, шута и болтуна. Он им врал, а ces princes russes, всякую пресную дребедень из старых альманахов "Шаривари" и "Тентамарра", а они, ces princes russes, заливались благодарным смехом, как бы невольно сознавая и подавляющее превосходство чужестранного умника, и собственную окончательную неспособность придумать что-нибудь забавное. А между тем тут была почти вся "fine fieur" нашего общества, "вся знать и моды образцы". Тут был граф X., наш несравненный дилетант, глубокая музыкальная натура, который так божественно "сказывает" романсы, а в сущности, двух нот разобрать не может, не тыкая вкось и вкривь указательным пальцем по клавишам, и поет не то как плохой цыган, не то как парижский коафер; тут был и наш восхитительный барон Z., этот мастер на все руки: и литератор, и администратор, и оратор, и шулер; тут был и князь Т., друг религии и народа, составивший себе во время оно, в блаженную эпоху откупа, громадное состояние продажей сивухи, подмешанной дурманом; и блестящий генерал О. О.. который что-то покорил, кого-то усмирил и вот, однако, не знает, куда деться и чем себя зарекомендовать и Р. Р., забавный толстяк, который считает себя очень больным и очень умным человеком, а здоров как бык и глуп как пень... Тот же Р. Р. почти один в наше время еще сохранил предания львов сороковых годов, эпохи "Героя нашего времени" и графини Воротынской. Он хранил и походку враскачку на каблуках, и "le culte de la pose" (по-русски этого даже сказать нельзя), и неестественную медлительность движений, и сонную величественность выражения на неподвижном, словно обиженном лице, и привычку, зевая, перебивать чужую речь, тщательно рассматривать собственные пальцы и ногти, смеяться в нос, внезапно передвигать шляпу с затылка на брови и т. д. и т. д. Тут были даже государственные люди, дипломаты, тузы с европейскими именами, мужи совета и разума, воображающие, что золотая булла издана папой и что английский "poor-tax" есть налог на бедных; тут были, наконец, и рьяные, но застенчивые поклонники камелий, светские молодые львы с превосходнейшими проборами на затылках, с прекраснейшими висячими бакенбардами, одетые в настоящие лондонские костюмы, молодые львы, которым, казалось, ничего не мешало быть такими же пошляками, как и пресловутый французский говорун; но нет! не в ходу, знать, у нас родное, - и графиня

2

Ш., известная законодательница мод и гран-жанра, прозванная злыми языками "Царицей ос" и "Медузою в чепце", предпочитала, в отсутствии говоруна, обращаться к тут же вертевшимся итальянцам, молдаванцам, американским "спиритам", бойким секретарям иностранных посольств немчикам с женоподобною, но уже осторожною физиономией и т. п. Подражая примеру графини, и княгиня Babette, та самая, у которой на руках умер Шопен (в Европе считают около тысячи дам, на руках которых он испустил дух), и княгиня Annette, которая всем бы взяла, если бы по временам, внезапно, как запах капусты среди тончайшей амбры, не проскакивала в ней простая деревенская прачка; и княгиня Pachette, с которою случилось такое несчастие: муж ее попал на видное место и вдруг, Dieu sait pourquoi, прибил градского голову и украл двадцать тысяч рублей серебром казенных денег; и смешливая княжна Зизи, и слезливая княжна Зозо - все они оставляли в стороне своих земляков, немилостиво обходились с ними... Оставим же и мы их в стороне, этих прелестных дам, и отойдем от знаменитого дерева, около которого они сидят в таких дорогих, но несколько безвкусных туалетах, и пошли им господь облегчения от грызущей их скуки!

II

В нескольких шагах от "русского" дерева, за маленьким столом перед кофейней Вебера, сидел красивый мужчина лет под тридцать, среднего роста, сухощавый и смуглый, с мужественным и приятным лицом. Нагнувшись вперед и опираясь обеими руками на палку, он сидел спокойно и просто, как человек, которому и в голову не может прийти, чтобы кто-нибудь его заметил или занялся им. Его карие, с желтизной, большие, выразительные глаза медленно посматривали кругом, то слегка прищуриваясь от солнца, то вдруг упорно провожая какую-нибудь мимо проходившую эксцентрическую фигуру, причем быстрая, почти детская усмешка чуть-чуть трогала его тонкие усы, губы и выдающийся крутой подбородок. Одет он был в просторное пальто немецкого покроя, и серая мягкая шляпа закрывала до половины его высокий лоб. На первый взгляд он производил впечатление честного и дельного, несколько самоуверенного малого, каких довольно много бывает на белом свете. Он, казалось, отдыхал от продолжительных трудов и тем простодушнее забавлялся расстилавшеюся перед ним картиной, что мысли его были далеко, да и вращались они, эти мысли, в мире, вовсе не похожем на то, что его окружало в этот миг. Он был русский; звали его Григорием

3

Михайловичем Литвиновым. Нам нужно с ним познакомиться, и потому приходится рассказать в коротких словах его прошедшее, весьма незатейливое и несложное.

Сын отставного служаки-чиновника из купеческого рода, он воспитывался не в городе, как следовало ожидать, а в деревне. Мать его была дворянка, из институток, очень доброе и очень восторженное существо, не без характера однако. Будучи двадцатью годами моложе своего мужа, она его перевоспитала, насколько могла, перетащила его из чиновничьей колеи в помещичью, укротила и смягчила его дюжий, терпкий нрав. По ее милости он стал и одеваться опрятно, и держаться прилично, и браниться бросил; стал уважать ученых и ученость, хотя, конечно, ни одной книги в руки не брал, и всячески старался не уронить себя: даже ходить стал тише и говорил расслабленным голосом, все больше о предметах возвышенных, что ему стоило трудов немалых. "Эх! Взял бы да выпорол!" - думал он иногда про себя, а вслух произносил: "Да, да, это... конечно; это вопрос". Дом свой мать Литвинова тоже поставила на европейскую ногу; слугам говорила "вы" и никому не позволяла за обедом наедаться до сопения. Что же касается до имения, ей принадлежавшего, то ни она сама, ни муж ее ничего с ним сделать не сумели: оно было давно запущено, но многоземельно, с разными угодьями, лесами и озером, на котором когда-то стояла большая фабрика, заведенная ревностным, но безалаберным барином, процветавшая в руках плута-купца и окончательно погибшая под управлением честного антрепренера из немцев. Госпожа Литвинова уже тем была довольна, что не расстроила своего состояния и не наделала долгов. К несчастью, здоровьем она похвалиться не могла и скончалась от чахотки в самый год поступления ее сына в Московский университет. Он не кончил курса по обстоятельствам (читатель узнает о них впоследствии) и угодил в провинцию, где потолокся несколько времени без дела, без связей, почти без знакомых. По милости не расположенных к нему дворян его уезда, проникнутых не столько западною теорией о вреде "абсентеизма" сколько доморощенным убеждением, что "своя рубашка к телу ближе, он в 1855 году попал в ополчение и чуть не умер от тифа в Крыму, где, не видав не одного "союзника", простоял шесть месяцев в землянке на берегу Гнилого моря; потом послужил по выборам, конечно не без неприятностей, и, пожив в деревне, пристрастился к хозяйству. Он понимал, что имение его матери, плохо и вяло управляемое его одряхлевшим отцом, не давало и десятой доли тех доходов, которые могло бы давать, и что в опытных и знающих руках оно превратилось бы в золотое дно; но он также понимал, что именно опыта и знания ему недоставало, - и он отправился за границу учиться агрономии и технологии, учиться с азбуки. Четыре года с лишком провел он в Мекленбурге, в Силезии, в Карлсруэ, ездил в Бельгию, в

Англию, трудился добросовестно, приобрел познания: нелегко они ему давались; но он выдержал искус до конца, и вот теперь, уверенный в самом себе, в своей будущности, в пользе, которую он принесет своим землякам, пожалуй, даже всему краю, он собирается возвратиться на родину, куда с отчаянными заклинаниями и мольбами в каждом письме звал его отец, совершенно сбитый с толку эманципацией, разверстанием угодий, выкупными сделками новыми порядками, одним словом... Но зачем же он в Бадене?

А затем он в Бадене, что он со дня на день ожидает приезда туда своей троюродной сестры и невесты - Татьяны Петровны Вестовой. Он знал ее чуть не с детства и провел с ней весну и лето в Дрездене, где она поселилась с своей теткой. Он искренно любил, он глубоко уважал свою молодую родственницу и, окончив свою темную, приготовительную работу, собираясь вступить на новое поприще, начать действительную, не коронную службу, предложил ей, как любимой женщине, как товарищу и другу, соединить свою жизнь с его жизнью - на радость и на горе, на труд и на отдых, "for better for worse", как говорят англичане. Она согласилась, и он отправился в Карлсруэ, где у него оставались книги, вещи, бумаги... Но почему же он в Бадене, спросите вы опять? А потому он в Бадене, что тетка Татьяны, ее воспитавшая, Капитолина Марковна Шестова, старая девица пятидесяти пяти лет, добродушнейшая и честнейшая чудачка, свободная душа, вся горящая огнем самопожертвования и самоотвержения; esprit fort (она Штрауса читала - правда, тихонько от племянницы) и демократка, заклятая противница большого света и аристократии, не могла устоять против соблазна хотя разочек взглянуть на самый этот большой свет в таком модном месте, каков Баден... Капитолина Марковна ходила без кринолина и стригла в кружок свои белые волосы, но роскошь и блеск тайно волновали ее, и весело и сладко было ей бранить и презирать их... Как же было не потешить добрую старушку?

Но оттого-то Литвинов так спокоен и прост, оттого он так самоуверенно глядит кругом, что жизнь его отчетливо ясно лежит пред ним, что судьба его определилась и что он гордится этою судьбой и радуется ей, как делу рук своих.

III

- Ба! ба! ба! вот он где! - раздался вдруг над самым его ухом писклявый голос, и отекшая рука потрепала его по плечу. Он поднял голову - и узрел одного из своих немногочисленных московских знакомых, некоего Бамбаева, человека хорошего, из числа пустейших, уже немолодого, с мягкими, словно разваренными щеками и носом, взъерошенными жирными волосами и дряблым тучным телом. Вечно без гроша и вечно от чего-нибудь в восторге, Ростислав Бамбаев шлялся с криком, но без цели, по лицу нашей многосносной матушки-земли.

- Вот, что называется, встреча! - повторял он, расширяя заплывшие глаза и выдвигая пухлые губки, над которыми странно и неуместно торчали крашеные усы. Ай да Баден! Все сюда как тараканы лезут. Как ты сюда попал?

Бамбаев "тыкал" решительно всех на свете.

- Я четвертого дня сюда приехал.

- Откуда?

- Да на что тебе знать?

- Как на что! Да постой, постой, тебе, может быть неизвестно, кто еще сюда приехал? Губарев! Сам, своей особой! Вот кто здесь! Вчера из Гейдельберга прикатил. Ты, конечно, с ним знаком?

- Я слышал о нем.

- Только-то? Помилуй! Сейчас, сию минуту мы тебя к нему потащим. Этакого человека не знать! Да вот кстати и Ворошилов. Постой, ты, пожалуй, и с ним незнаком? Честь имею вас друг другу представить. Оба ученые! Этот даже феникс! Поцелуйтесь!

И, сказав эти слова, Бамбаев обратился к стоявшему возле него красивому молодому человеку с свежим и розовым, но уже серьезным лицом. Литвинов приподнялся и, разумеется, не поцеловался, а обменялся коротеньким поклоном с "фениксом", которому, судя по строгости осанки, не слишком понравилось это неожиданное представление.

- Я сказал: феникс, и не отступаю от своего слова, - продолжал Бамбаев, - ступай в Петербург, в - й корпус, и посмотри на золотую доску: чье там имя стоит первым? Ворошилова Семена Яковлевича! Но Губарев, Губарев, братцы мои!! Вот к кому бежать, бежать надо! Я решительно благоговею перед этим человеком! Да не я один, все сподряд благоговеют. Какое он теперь сочинение пишет, о... о... о!..

- О чем это сочинение? - спросил Литвинов.

- Обо всем, братец ты мой, вроде, знаешь, Бекля... только поглубже, поглубже... Все там будет разрешено и приведено в ясность.

- А ты сам читал это сочинением

- Нет, не читал, и это даже тайна, которую не следует разглашать; но от Губарева всего можно ожидать всего! Да! - Бамбаев вздохнул и сложил руки. Что, если б еще такие две, три головы завелись у нас на Руси, ну что бы это было, господи боже мой! Скажу тебе одно, Григорий Михайлович:

6

чем бы ты ни занимался в это последнее время, - а я и не знаю, чем ты вообще занимаешься, - какие бы ни были твои убеждения, - я их тоже не знаю, - но у него, у Губарева, ты найдешь чему поучиться. К несчастию, он здесь ненадолго. Надо воспользоваться, надо идти. К нему, к нему! Проходивший франтик с рыжими кудряшками и голубою лентою на низкой шляпе обернулся и с язвительною усмешкой посмотрел сквозь стеклышко на Бамбаева.

Литвинову досадно стало.

- Что ты кричишь? - промолвил он, - словно гончую на след накликаешь! Я еще не обедал.

- Что ж такое! Можно сейчас у Вебера... втроем... Отлично! У тебя есть деньги заплатить за меня? - прибавил он вполголоса.

- Есть-то есть; только я, право, не знаю...

- Перестань, пожалуйста; ты меня благодарить будешь, и он рад будет... Ах, боже мой! - перебил самого себя Бамбаев. - Это они финал из "Эрнани" играют. Что за прелесть!.. A som... so Carlo... Экой, однако, я! Сейчас в слезы. Ну, Семен Яковлевич! Ворошилов! Идем, что ли?

Ворошилов, который все еще продолжал стоять неподвижно и стройно, сохраняя прежнее, несколько горделивое достоинство осанки, знаменательно опустил глаза, нахмурился и промычал что-то сквозь зубы... но не отказался; а Литвинов подумал: "Что же! проделаем и это, благо время есть". Бамбаев взял его под руку, но, прежде чем направился в кофейную, кивнул пальцем Изабелле, известной цветочнице Жокей-клуба: ему вздумалось взять у ней букет. Но аристократическая цветочница не пошевельнулась; да и с какой стати было ей подходить к господину без перчаток, в запачканной плисовой куртке, пестром галстухе и стоптанных сапогах, которого она и в Париже-то никогда не видала? Тогда Ворошилов в свою очередь кивнул ей пальцем. К нему она подошла, и он, выбрав в ее коробке крошечный букет фиалок, бросил ей гульден. Он думал удивить ее своею щедростью; но она даже бровью не повела и, когда он от нее отвернулся, презрительно скорчила свои стиснутые губы. Одет Ворошилов был очень щегольски, даже изысканно, но опытный глаз парижанки тотчас подметил в его туалете, в его турнюре, в самой его походке, носившей следы рановременной военной выправки, отсутствие настоящего, чистокровного "шику".

Усевшись у Вебера в главной зале и заказав обед, знакомцы наши вступили в разговор. Бамбаев громко и с жаром потолковал о высоком значении Губарева, но скоро умолк и, шумно вздыхая и жуя, хлопал стакан за стаканом. Ворошилов пил и ел мало, словно нехотя, и, расспросив Литвинова о роде его занятий, принялся высказывать собственные мнения... не столько об этих занятиях, сколько вообще о

7

различных "вопросах"... Он вдруг оживился и так и помчался, как добрый конь, лихо и резко отчеканивая каждый слог, каждую букву, как молодец-кадет на выпускном экзамене, и сильно, но не в лад размахивая руками. С каждым мгновением он становился все речистей, все бойчей, благо никто его не прерывал:он словно читал диссертацию или лекцию. Имена новейших ученых, с прибавлением года рождения или смерти каждого из них, заглавия только что вышедших брошюр, вообще имена, имена, имена - дружно посыпались с его языка, доставляя ему самому высокое наслаждение, отражавшееся в его запылавших глазах. Ворошилов, видимо, презирал всякое старье, дорожил одними сливками образованности, последнею, передовою точкой науки; упомянуть, хотя бы некстати, о книге какого-нибудь доктора Зауэрбенгеля о пенсильванских тюрьмах или о вчерашней статье в "Азиатик джернал" о Ведах и Пуранах (он так и сказал: "Джернал", хотя, конечно, не знал по-английски)- было для него истинною отрадой, благополучием. Литвинов слушал его, слушал и никак не мог понять, какая же, собственно, его специальность? То он вел речь о роли кельтийского племени в истории, то его уносило в древний мир, и он рассуждал об эгинских мраморах, напряженно толковал о жившем до Фидиаса ваятеле Онатасе, который, однако, превращался у него в Ионатана и тем на миг наводил на все его рассуждение не то библейский, не то американский колорит; то он вдруг перескакивал в политическую экономию и называл Бастиа дураком и деревяшкой, "не хуже Адама Смита и всех физиократов... " - "Физиократов! - прошептал ему вслед Бамбаев... - Аристократов?.. " Между прочим, Ворошилов вызвал выражение изумления на лице того же самого Бамбаева небрежно и вскользь кинутым замечанием о Маколее, как о писателе устарелом и уже опереженном наукой; что же до Гнейста и Риля, то он объявил, что их стоит только назвать, и пожал плечами. Бамбаев также плечами пожал.

"И все это разом, безо всякого повода, перед чужими, в кофейной, - размышлял Литвинов, глядя на белокурые волосы, светлые глаза, белые зубы своего нового знакомца (особенно смущали его эти крупные сахарные зубы да еще эти руки с их неладным размахом), - и не улыбнется ни разу; а со всем тем, должно быть, добрый малый и крайне неопытный... " Ворошилов угомонился, наконец; голос его, юношески звонкий и хриплый, как у молодого петуха, слегка порвался... Кстати ж, Бамбаев начал декламировать стихи и опять чуть не расплакался, что произвело впечатление скандала за одним соседним столом, около которого поместилось английское семейство, и хихиканье за другим: две лоретки обедали за этим вторым столом с каким-то престарелым младенцем в лиловом парике. Кельнер принес счет; приятели расплатились.

- Ну, - воскликнул Бамбаев, грузно приподнимаясь со стула, - теперь чашку кофе, и марш! Вон она, однако, наша Русь, - прибавил он, остановившись в дверях и чуть не с восторгом указывая своей мягкой, красною рукой на Ворошилова и Литвинова... - Какова?

"Да, Русь", - подумал Литвинов; а Ворошилов, который уже опять успел придать лицу своему сосредоточенное выражение, снисходительно улыбнулся и слегка щелкнул каблуками.

Минут через пять они все трое поднимались вверх по лестнице гостиницы, где остановился Степан Николаевич Губарев... Высокая стройная дама в шляпке с короткою черною вуалеткой проворно спускалась с той же лестницы и, увидав Литвинова, внезапно обернулась к нему и остановилась, как бы пораженная изумлением. Лицо ее мгновенно вспыхнуло и потом так же быстро побледнело под частой сеткой кружева; но Литвинов ее не заметил, и дама проворнее прежнего побежала вниз по широким ступеням.

IV

- Григорий Литвинов, рубашка-парень, русская душа, рекомендую, - воскликнул Бамбаев, подводя Литвинова к человеку небольшого роста и помещичьего склада, с расстегнутым воротом, в куцей куртке, серых утренних панталонах и в туфлях, стоявшему посреди светлой, отлично убранной комнаты, - а это, - прибавил он, обращаясь к Литвинову, - это он, тот самый, понимаешь? Ну, Губарев, одним словом.

Литвинов с любопытством уставился на "того самого". На первый раз он не нашел в нем ничего необыкновенного. Он видел перед собою господина наружности почтенной и немного туповатой, лобастого, глазастого, губастого, бородастого, с широкою шеей, с косвенным, вниз устремленным взглядом. Этот господин осклабился, промолвил: "Ммм... да... это хорошо... мне приятно... " - поднес руку к собственному лицу и, тотчас же, повернувшись к Литвинову спиной, ступил несколько раз по ковру, медленно и странно переваливаясь, как бы крадучись. У Губарева была привычка постоянно расхаживать взад и вперед, то и дело подергивая и почесывая бороду концами длинных и твердых ногтей. Кроме Губарева, в комнате находилась еще одна дама в шелковом поношенном платье, лет пятидесяти, с чрезвычайно подвижным, как лимон желтым лицом, черными волосиками на верхней губе и быстрыми, словно выскочить готовыми глазами, да еще какой-то плотный человек сидел, сгорбившись, в уголку.

- Ну-с, почтенная Матрена Семеновна, - начал Губарев, обращаясь к

9

даме и, видно, не считая нужным знакомить ее с Литвиновым, - что бишь вы начали нам рассказывать?

Дама (ее звали Матреной Семеновной Суханчиковой, она была вдова, бездетная, небогатая, и второй уже год странствовала из края в край) заговорила тотчас с особенным, ожесточенным увлечением:

- Ну, вот он и является к князю, и говорит ему: Ваше сиятельство, говорит, вы в таком сане и в таком звании, говорит, что вам стоит облегчить мою участь? Вы, говорит, не можете не уважать чистоту моих убеждений! И разве можно, говорит, в наше время преследовать за убеждения? И что ж, вы думаете, сделал князь, этот образованный, высокопоставленный сановник?

- Ну, что он сделал? - промолвил Губарев, задумчиво закуривая папироску.

Дама выпрямилась и протянула вперед свою костлявую правую руку с отделенным указательным пальцем.

- Он призвал своего лакея и сказал ему: "Сними ты сейчас с этого человека сюртук и возьми себе. Я тебе дарю этот сюртук!"

- И лакей снял? - спросил Бамбаев, всплеснув руками.

- Снял и взял. И это сделал князь Барнаулов, известный богач, вельможа, облеченный особенною властью, представитель правительства! Что ж после этого еще ожидать?

Все тщедушное тело г-жи Суханчиковой тряслось от негодования, по лицу пробегали судороги, чахлая грудь порывисто колыхалась под плоским корсетом; о глазах уже и говорить нечего: они так и прыгали. Впрочем, они всегда прыгали, о чем бы она ни говорила.

- Вопиющее, вопиющее дело! - воскликнул Бамбаев. - Казни нет достойной!

- Ммм... Эмм... Сверху донизу все гнило, - заметил Губарев, не возвышая, впрочем, голоса. Тут не казнь... тут нужна... другая мера.

- Да полно, правда ли это? - промолвил Литвинов.

- Правда ли? - подхватила Суханчикова. - Да в этом и думать нельзя сомневаться, д-у-у-у-у-мать нельзя... Она с такою силою произнесла это слово, что даже скорчилась. - Мне это сказывал один вернейший человек. Да вы его, Степан Николаевич, знаете - Елистратов Капитон. Он сам это слышал от очевидцев, от свидетелей этой безобразной сцены.

- Какой Елистратов? - спросил Губарев. - Тот, что был в Казани?

- Тот самый. Я знаю, Степан Николаич, про него распустили слух, будто он там с каких-то подрядчиков или винокуров деньги брал. Да ведь кто это говорит? Пеликанов! А возможно ли Пеликанову верить, когда всем известно, что он просто - шпион!

- Нет, позвольте, Матрена Семеновна, - вступился Бамбаев, - я с Пеликановым приятель; какой же он шпион?

10

- Да, да, именно шпион!

- Да постойте, помилуйте...

- Шпион, шпион! - кричала Суханчикова.

- Да нет же, нет, постойте; я вам что скажу, кричал в свою очередь Бамбаев.

- Шпион, шпион! - твердила Суханчикова.

- Нет, нет! Вот Тентелеев, это другое дело! - заревел Бамбаев уже во все горло.

Суханчикова мгновенно умолкла.

- Про этого барина я достоверно знаю, - продолжал он обыкновенным своим голосом, - что когда Третье отделение его вызывало, он у графини Блазенкрампф в ногах ползал и все пищал: "Спасите, заступитесь!" А Пеликанов никогда до такой подлости не унижался.

- Мм... Тентелеев... - проворчал Губарев, - это... это заметить надо.

Суханчикова презрительно пожала плечом.

- Оба хороши, - заговорила она, - но только я про Тентелеева еще лучше анекдот знаю. Он, как всем известно, - был ужаснейший тиран со своими людьми, хотя тоже выдавал себя за эманципатора. Вот он раз в Париже сидит у знакомых, и вдруг входит мадам Бичер-Стоу, - ну, вы знаете, "Хижина дяди Тома". Тентелеев, человек ужасно чванливый, стал просить хозяина представить его; но та, как только услыхала его фамилию: "Как? - говорит, - сметь знакомиться с автором Дяди Тома? - Да хлоп его по щеке!- Вон! - говорит, - сейчас!" И что ж вы думаете? Тентелеев взял шляпу, да, поджавши хвост, и улизнул.

- Ну, это, мне кажется, преувеличено, - заметил Бамбаев. - "Вон!" она ему, точно, сказала, это факт; но пощечины она ему не дала.

- Дала пощечину, дала пощечину! - с судорожным напряжением повторила Суханчикова, - я не стану пустяков говорить. И с такими людьми вы приятель!

- Позвольте, позвольте, Матрена Семеновна, я никогда не выдавал Тентелеева за близкого мне человека; я про Пеликанова говорил.

- Ну, не Тентелеев, так другой: Михнев, например.

- Что же этот такое сделал? - спросил Бамбаев, уже заранее оробев.

- Что? Будто вы не знаете? На Вознесенском проспекте всенародно кричал, что надо, мол, всех либералов в тюрьму; а то еще к нему приходит старый пансионский товарищ, бедный, разумеется, и говорит: "Можно у тебя пообедать?" А тот ему в ответ: "Нет, нельзя; у меня два графа сегодня обедают... п'шол прочь!" - Да это клевета, помилуйте! - возопил Бамбаев. - Клевета?.. клевета? Во-первых, князь Вахрушкин, который тоже обедал у вашего Михнева... - Князь Вахрушкин, - строго вмешался Губарев, мне двоюродный брат; но я его к себе не пускаю... Ну, и упоминать о нем,

11

стало быть, нечего. - Во-вторых, - продолжала Суханчикова, покорно наклонив голову в сторону Губарева, - мне сама Прасковья Яковлевна сказала. - Нашли на кого сослаться! Она да вот еще Саркизов - это первые выдумщики.

- Ну-с, извините; Саркизов лгун, точно; он же с мертвого отца парчовой покров стащил, об этом я спорить никогда не стану; но Прасковья Яковлевна, какое сравненье! Вспомните, как она благородно с мужем разошлась! Но вы, я знаю, вы всегда готовы...

- Ну полноте, полноте, Матрена Семеновна, - перебил ее Бамбаев. - Бросьте эти дрязги и воспаримте-ка в горния. Я ведь старого закала кочерга. Читали вы "Mademoiselle de la Quintinie?" Вот прелесть-то! И с принципами вашими в самый раз!

- Я романов больше не читаю, - сухо и резко отвечала Суханчикова.

- Отчего?

- Оттого что теперь не то время; у меня теперь одно в голове: швейные машины.

- Какие машины? - спросил Литвинов.

- Швейные, швейные; надо всем, всем женщинам запастись швейными машинами и составлять общества; этак они все будут хлеб себе зарабатывать и вдруг независимы станут. Иначе они никак освободиться не могут. Это важный, важный социальный вопрос. У нас такой об этом был спор с Болеслав Стадницким. Болеслав Стадницкий чудная натура, но смотрит на эти вещи ужасно легкомысленно. Все смеется... Дурак!

- Все будут в свое время потребованы к отчету, со всех взыщется, - медленно, не то наставническим, не те пророческим тоном произнес Губарев.

- Да, да, - повторил Бамбаев, - взыщется, именно, взыщется. А что, Степан Николаич, - прибавил он, понизив голос, - сочинение подвигается?

- Материалы собираю, - отвечал, насупившись,

Губарев и, обратившись к Литвинову, у которого голова начинала ходить кругом от этой яичницы незнакомых ему имен, от этого бешенства сплетни, спросил его: чем он занимается?

Литвинов удовлетворил его любопытству.

- А! Значит, естественными науками. Это полезно как школа; как школа, не как цель. Цель теперь должна быть... мм... должна быть... другая. Вы, позвольте узнать, каких придерживаетесь мнений?

- Каких мнений?

- Да, то есть, собственно, какие ваши политические убеждения?

Литвинов улыбнулся.

- Собственно, у меня нет никаких политических убеждений.

Плотный человек, сидевший в углу, при этих словах внезапно поднял голову и внимательно посмотрел на Литвинова.

- Что так? - промолвил со странною кротостью Губарев. - Не вдумались еще или уже устали?

- Как вам сказать? Мне кажется, нам, русским, еще рано иметь политические убеждения или воображать, что мы их имеем. Заметьте, что я придаю слову "политический" то значение, которое принадлежит ему по праву, и что.

- Ага! из недозрелых, - с тою же кротостью перебил его Губарев и, подойдя к Ворошилову, спросил его: прочел ли он брошюру, которую он ему дал?

Ворошилов, который, к удивлеиию Литвинова, с самого своего прихода словечка не проронил, а только хмурился и значительно поводил глазами (он вообще либо ораторствовал, либо молчал), - Ворошилов выпятил по-военному грудь и, щелкнув каблуками, кивнул утвердительно головой.

- Ну, и что ж? Остались довольны?

- Что касается до главных оснований, доволен; но с выводами не согласен.

- Ммм... Андрей Иваныч мне, однако, хвалил эту брошюру. Вы мне потом изложите ваши сомнения.

- Прикажете письменно?

Губарев, видимо, удивился: он этого не ожидал; однако, подумав немного, промолвил:

- Да, письменно. Кстати, я вас попрошу изложить мне также свои соображения... насчет... насчет ассоциаций.

- По методе Лассаля прикажете или Шульце-Делича?

- Ммм... по обеим. Тут, понимаете, для нас, русских, особенно важна финансовая сторона. Ну, и артель... как зерно. Все это нужно принять к сведению. Вникнуть надо. Вот и вопрос о крестьянском наделе...

- А вы, Степан Николаич, какого мнения насчет количества следуемых десятин? - с почтительною деликатностью в голосе спросил Ворошилов.

- Эмм... А община? - глубокомысленно произнес Губарев и, прикусив клок бороды, уставился на ножку стола. - Община... Понимаете ли вы? Это великое слово! Потом, что значат эти пожары... эти... эти правительственные меры против воскресных школ, читален, журналов? А несогласие крестьяи подписывать уставные грамоты? И, наконец, то, что происходит в Польше? Разве вы не видите, к чему это все ведет? Разве вы не видите, что... мы... что нам.... нам нужно теперь слиться с народом, узнать... узнать его мнение? - Губаревым внезапно овладело какое-то

13

тяжелое, почти злобное волнение; он даже побурел в лице и усиленно дышал, но все не поднимал глаз и продолжал жевать бороду. Разве вы не видите...

- Евсеев подлец! - брякнула вдруг Суханчикова, которой Бамбаев, из уважения к хозяину, рассказывал что-то вполголоса. Губарев круто повернул на каблуках и опять заковылял по комнате.

Стали появляться новые посетители; под конец вечера набралось довольно много народу. В числе их пришел и господин Евсеев, так жестоко обозванный Суханчиковой, - она очень дружелюбно с ним разговаривала и попросила его провести ее домой; пришел некто Пищалкин, идеальный мировой посредник, человек из числа тех людей, в которых, может быть, точно нуждается Россия, а именно - ограниченный, мало знающий и бездарный, но добросовестный, терпеливый и честный; крестьяне его участка чуть не молились на него, и он сам весьма почтительно обходился с самим собою, как с существом, истинно достойным уважения. Пришло несколько офицерчиков, выскочивших на коротенький отпуск в Европу и обрадовавшихся случаю, конечно, осторожно и не выпуская из головы задней мысли о полковом командире, побаловаться с умными и немножко даже опасными людьми; прибежали двое жиденьких студентиков из Гейдельберга - один все презрительно оглядывался, другой хохотал судорожно... обоим было очень неловко; вслед за ними втерся французик, так называемый п' ти женом грязненький, бедненький, глупенький... он славился между своими товарищами, коммивояжерами, тем, что в него влюблялись русские графини, сам же он больше помышлял о даровом ужине; явился, наконец, Тит Биндасов, с виду шумный бурш, а в сущности, кулак и выжига, по речам террорист, по призванию квартальный, друг российских купчих и парижских лореток, лысый, беззубый, пьяный; явился он весьма красный и дрянной, уверяя, что спустил последнюю копейку этому "шельмецу Беназету", а на деле он выиграл шестнадцать гульденов...

Словом, много набралось народу. Замечательно, поистине замечательно было то уважение, с которым все посетители обращались к Губареву как наставнику или главе; они излагали ему свои сомнения, повергали их на его суд; а он отвечал... мычанием, подергиванием бороды, вращением глаз или отрывочными, незначительными словами, которые тотчас же подхватывались на лету, как изречения самой высокой мудрости. Сам Губарев редко вмешивался в прения; зато другие усердно надсаживали грудь. Случалось не раз, что трое, четверо кричали вместе в течение десяти минут, и все были довольны и понимали. Беседа продолжалась за полночь и отличалась, как водится, обилием и разнообразием предметов. Суханчикова говорила о Гарибальди, о каком-

14

то Карле Ивановиче, которого высекли его собственные дворовые, о Наполеоне III, о женском труде, о купце Плескачеве, заведомо уморившем двенадцать работниц и получившем за это медаль с надписью "за полезное", о пролетариате, о грузинском князе Чукчеулидзеве, застрелившем жену из пушки, и о будущности России; Пищалкин говорил тоже о будущности России, об откупе, о значении национальностей и о том, что он больше всего ненавидит пошлое; Ворошилова вдруг прорвало: единым духом, чуть не захлебываясь, он назвал Дрепера, Фирхова, г-на Шелгунова, Биша, Гельмгольца, Стара, Стура, Реймонта, Иоганна Миллера - физиолога, Иоганна Миллера - историка, очевидно смешивая их, Тэна, Ренана, г-на Щапова, а потом Томаса Наша, Пиля, Грина... "Это что же за птицы?" - с изумлением пробормотал Бамбаев. "Предшественники Шекспира, относящиеся к нему, как отроги Альп к Монблану!" - хлестко отвечал Ворошилов и также коснулся будущности России. Бамбаев тоже поговорил о будущности России и даже расписал ее в радужных красках, но в особенный восторг привела его мысль о русской музыке, в которой он видел что-то "ух! большое" и в доказательство затянул романс Варламова, но скоро был прерван общим криком, что: "он, мол, поет Miserere из "Траватора" и прескверно поет". Один офицерчик под шумок ругнул русскую литературу, другой привел стишки из "Искры", а Тит Биндасов поступил еще проще: объявил, что всем бы этим мошенникам зубы надо повышибать - и баста! не определяя, впрочем, кто, собственно, были эти мошенники. Дым от сигар стоял удушливый; всем было жарко и томно, все охрипли, у всех глаза посоловели, пот лил градом с каждого лица. Бутылки холодного пива появлялись и опоражнивались мгновенно. "Что бишь я такое говорил?" - твердил один; "Да с кем же я сейчас спорил и о чем?" - спрашивал другой. И среди всего этого гама и чада, по-прежнему переваливаясь и шевеля в бороде, без устали расхаживал Губарев и то прислушивался, приникая ухом, к чьему-нибудь рассуждению, то вставлял свое слово, и всякий невольно чувствовал, что он-то, Губарев, всему матка и есть, что он здесь и хозяин, и первенствующее лицо...

У Литвинова часам к десяти сильно разболелась голова, и он ушел потихоньку и незаметно, воспользовавшись усиленным взрывом всеобщего крика: Суханчикова вспомнила новую несправедливость князя Барнаулова - чуть ли не приказал он кому-то ухо откусить. Свежий ночной воздух ласково прильнул к воспаленному лицу Литвинова, влился пахучею струей в его засохшие губы. "Что это, - думал он, идя по темной аллее, - при чем это я присутствовал? Зачем они собрались? Зачем кричали, бранились, из кожи лезли? К чему все это?" Литвинов пожал плечами и отправился к Веберу, взял газету и спросил себе мороженого. В

15

газете толковалось о римском вопросе, а мороженое оказалось скверным. Он уже собирался идти домой, как вдруг к нему подошел незнакомый человек в шляпе с широкими полями и, проговорив по-русски: "Я вас не беспокою?" - присел за его столик. Тут только Литвинов, вглядевшись попристальнее в незнакомца, узнал в нем того плотного господина, который забился в уголок у Губарева и с таким вниманием окинул его глазами, когда речь зашла о политических убеждениях. В течение всего вечера господин этот не разевал рта, а теперь, подсев к Литвинову и сняв шляпу, глядел на него дружелюбным и несколько смущенным взглядом.

V

- Господин Губарев, у которого я имел удовольствие вас видеть сегодня, - начал он, - меня вам не отрекомендовал; так уж, если вы позволите, я сам себя рекомендую: Потугин, отставной надворный советник, служил в министерстве финансов, в Санкт-Петербурге. Надеюсь, что вы не найдете странным... я вообще не имею привычки так внезапно знакомиться... но с вами...

Тут Потугин замялся и попросил кельнера принести ему рюмочку киршвассера. "Для храбрости", - прибавил он с улыбкой.

Литвинов с удвоенным вниманием посмотрел на это последнее изо всех тех новых лиц, с которыми ему в тот день пришлось столкнуться, и тотчас же подумал: "Этот не то, что те".

Действительно, не то. Пред ним сидел, перебирая по краю стола тонкими ручками, человек широкоплечий, с просторным туловищем на коротких ногах, с понурою курчавою головой, с очень умными и очень печальными глазками под густыми бровями, с крупным правильным ртом, нехорошими зубами и тем чисто русским носом, которому присвоено название картофеля; человек с виду неловкий и даже диковатый, но уже, наверное, недюжинный. Одет он был небрежно: старомодный сюртук сидел на нем мешком, и галстук сбился на сторону. Его внезапная доверчивость не только не показалась Литвинову назойливостью, но, напротив, втайне ему польстила: нельзя было не видеть, что за этим человеком не водилось привычки навязываться незнакомым. Странное впечатление произвел он на Литвинова: он возбуждал в нем и уважение, и сочувствие, и какое-то невольное сожаление.

- Так я не беспокою вас? - повторил он мягким, немного сиплым и слабым голосом, который как нельзя лучше шел ко всей его фигуре.

16

- Помилуйте, - возразил Литвинов, - я, напротив, очень рад.

- В самом деле? Ну, так и я рад. Я слышал об вас много; я знаю, чем вы занимаетесь и какие ваши намерения. Дело хорошее. То-то вы и молчали сегодня.

- Да и вы, кажется, говорили мало, - заметил Литвинов.

Потугин вздохнул.

- Другие уж больно много рассуждали-с. Я слушал. Ну что, - прибавил он, помолчав немного и как-то забавно уставив брови, - понравилось вам наше Вавилонское столпотворение?

- Именно столпотворение. Вы прекрасно сказали. Мне все хотелось спросить у этих господ, из чего они так хлопочут?

Потугин опять вздохнул.

- В том-то и штука что они и сами этого не ведают-с. В прежние времена про них бы так выразились: "Они, мол, слепые орудия высших целей; ну, а теперь мы употребляем более резкие эпитеты. И заметьте, что, собственно, я нисколько не намерен обвинять их; скажу более, они все... то есть почти все, прекрасные люди. Про госпожу Суханчикову я, например, наверно знаю очень много хорошего: она последние свои деньги отдала двум бедным племянницам. Положим, тут действовало желание пощеголять, порисоваться, но согласитесь, замечательное самоотвержение в женщине, которая сама небогата! Про господина Пищалкина и говорить нечего; ему непременно, со временем, крестьяне его участка поднесут серебряный кубок в виде арбуза, а может быть, и икону с изображением его ангела, и хотя он им скажет в своей благодарственной речи, что он не заслуживает подобной чести, но это он неправду скажет: он ее заслуживает. У господина Бамбаева, вашего приятеля, сердце чудное; правда, у него, как у поэта Языкова, который, говорят, воспевал разгул, сидя за книгой и кушая воду, - восторг, собственно, ни на что не обращенный, но все же восторг; и господин Ворошилов тоже добрейший; он, как все люди его школы, люди золотой доски, точно на ординарцы прислан к науке, к цивилизации, и даже молчит фразисто, но он еще так молод! Да, да, все это люди отличные, а в результате ничего не выходит; припасы первый сорт, а блюдо хоть в рот не бери.

Литвинов с возрастающим удивлением слушал Потугина: все приемы, все обороты его неторопливой, но самоуверенной речи изобличали и уменье и охоту говорить. Потугин, точно, и любил и умел говорить; но как человек, из которого жизнь уже успела повытравить самолюбие, он с философическим спокойствием ждал случая, встречи по сердцу.

- Да, да, - начал он снова, с особым, ему свойственным, не болезненным, но унылым юмором, - это все очень, странно-с. И вот еще что прошу заметить. Сойдется, например, десять англичан, они тотчас заговорят о подводном телеграфе, о налоге на бумагу, о способе выделывать, крысьи шкуры, то есть о чем-нибудь положительном, определенном;сойдется десять немцев, ну, тут, разумеется, Шлезвиг-Гольштейн и единство Германии явятся на сцену; десять французов сойдется, беседа неизбежно коснется "клубнички", как они там ни виляй; а сойдется десять русских, мгновенно возникает вопрос, - вы имели случай сегодня в том убедиться, - вопрос о значении, о будущности России, да в таких общих чертах, от яиц Леды, бездоказательно, безвыходно. Жуют, жуют они этот несчастный вопрос, словно дети кусок гуммиластика: ни соку, ни толку. Ну, и конечно, тут же, кстати, достанется и гнилому Западу. Экая притча, подумаешь! Бьет он нас на всех пунктах, этот Запад, - а гнил! И хоть бы мы действительно его презирали, - продолжал Потугин, - а то ведь это все фраза и ложь. Ругать-то мы его ругаем, а только его мнением и дорожим, то есть, в сущности, мнением парижских лоботрясов. У меня есть знакомый, и хороший, кажется, человек, отец семейства, уже немолодой; так тот несколько дней в унынии находился оттого, что в парижском ресторане спросил себе une portion de biftek aux pommes de terre, а настоящий француз тут же крикнул: "Garcon!biftek pommes!" Сгорел мой приятель от стыда! И потом везде кричал: "Biftek pommes!" - и других учил. Самые даже лоретки удивляются благоговейному трепету, с которым наши молодые степняки входят в их позорную гостиную... боже мой! думают они, ведь это где я? У самой Annah deslions!!

    - Скажите, пожалуйста, - спросил Литвинов, - чему вы приписываете несомненное влияние Губарева на всех его окружающих? Не дарованиям, не способностям же его?

    - Нет-с, нет-с; у него этого ничего не имеется...

    - Так характеру, что ли?

    - И этого нет-с, а у него много воли-с. Мы, славяне, вообще, как известно, этим добром не богаты и перед ним пасуем. Господин Губарев захотел быть начальником, и все его начальником признали. Что прикажете делать?! Правительство освободило нас от крепостной зависимости, спасибо ему; но привычки рабства слишком глубоко в нас внедрились; не скоро мы от них отделаемся. Нам во всем и всюду нужен барин; барином этим бывает большею частью живой субъект, иногда какое-нибудь так называемое направление над нами власть возымеет... теперь, например, мы все к естественным наукам в кабалу записались... Почему, в силу каких резонов мы записываемся в кабалу, это дело темное; такая уж, видно, наша натура. Но главное дело, чтоб был у нас барин. Ну, вот он и есть у нас; это, значит, наш, а на все остальное мы наплевать!

18

Чисто холопы! И гордость холопская, и холопское уничижение. Новый барин народился - старого долой! То был Яков, а теперь Сидор; в ухо Якова, в ноги Сидору! Вспомните, какие в этом роде происходили у нас проделки! Мы толкуем об отрицании как об отличительном нашем свойстве; но и отрицаем-то мы не так, как свободный человек, разящий шпагой, а как лакей, лупящий кулаком, да еще, пожалуй, и лупит-то он по господскому приказу. Ну-с, а народ мы тоже мягкий; в руки нас взять не мудрено. Вот таким-то образом и господин Губарев попал в барья; долбил-долбил в одну точку и продолбился. Видят люди: большого мнения о себе человек, верит в себя, приказывает - главное, приказывает; стало быть, он прав и слушаться его надо. Все наши расколы, наши Онуфриевщины да Акулиновщины именно так и основались. Кто палку взял, тот и капрал. У Потугина покраснели щеки и глаза потускнели; но - странное дело! - речь его, горькая и даже злая, не отзывалась желчью, а скорее печалью, и правдивою, искреннею печалью.

- Вы как с Губаревым познакомились? - спросил Литвинов.

- Я его давно знаю-с. И заметьте, какая у нас опять странность: иной, например, сочинитель, что ли, весь свой век и стихами и прозой бранил пьянство, откуп укорял... да вдруг сам взял да два винные завода купил и снял сотню кабаков - и ничего! Другого бы с лица земли стерли, а его даже не упрекают. Вот и господин Губарев: он и славянофил, и демократ, и социалист, и все что угодно, а именьем его управлял и теперь еще управляет брат, хозяин в старом вкусе, из тех, что дантистами величали. И та же госпожа Суханчикова, которая заставляет госпожу Бичер-Стоу бить по щепам Тентелеева, перед Губаревым чуть не ползает. А ведь только за ним и есть, что он умные книжки читает да все в глубину устремляется. Какой у него дар слова, вы сегодня сами судить могли; и это еще слава богу, что он мало говорит, все только ежится. Потому что когда он в духе да нараспашку, так даже мне, терпеливому человеку, невмочь становится. Начнет подтрунивать да грязные анекдотцы рассказывать, да, да, наш великий господин Губарев рассказывает грязные анекдоты и так мерзко смеется при этом...

- Будто вы так терпеливы? - промолвил Литвинов. Я, напротив, полагал... Но позвольте узнать, как ваше имя и отчество?

Потугин отхлебнул немного киршвассеру.

- Меня зовут Созонтом... Созонтом Иванычем. Дали мне это прекрасное имя в честь родственника, архимандрита, которому я только этим и обязан. Я, если смею так выразиться, священнического поколения. А что вы насчет терпенья сомневаетесь, так это напрасно: я терпелив. Я двадцать два года под начальством родного дядюшки, действительного статского советника Иринарха Потугина, прослужил. Вы его не изволили знать?

- Нет.

- С чем вас поздравляю. Нет, я терпелив. Но "возвратимся на первое", как говорит почтенный мой собрат, сожженный протопоп Аввакум. Удивляюсь я, милостивый государь, своим соотечественникам. Все унывают, все повесивши нос ходят, и в то же время все исполнены надеждой и чуть что, так на стену и лезут. Воть хоть бы славянофилы, к которым господин Губарев себя причисляет: прекраснейшие люди, а та же смесь отчаяния и задора, тоже живут буквой "буки". Все, мол, будет, будет. В наличности ничего нет, и Русь в целые десять веков ничего своего не выработала, ни в управлении, ни в суде, ни в науке, ни в искусстве, ни даже в ремесле... Но постойте, потерпите: все будет. А почему будет, позвольте полюбопытствовать? А потому, что мы, мол, образованные люди, дрянь; но народ... о, это великий народ!Видите этот армяк? вот откуда все пойдет. Все другие идолы разрушены; будемте же верить в армяк. Ну, а коли армяк выдаст? Нет, он не выдаст, прочтите Кохановскую, и очи в потолоки! Право, если б я был живописцем, вот бы я какую картину написал: образованный человек стоит перед мужиком и кланяется ему низко: вылечи, мол, меня, батюшка-мужичок, я пропадаю от болести;а мужик в свою очередь низко кланяется образованному человеку: научи, мол, меня, батюшка -барин, я пропадаю от темноты. Ну, и, разумеется, оба ни с места. А стоило бы только действительно смириться - не на одних словах - да попризанять у старших братьев, что они придумали и лучше нас и прежде нас! Кельнер, нох эйн глэзхен кирш! Вы не думайте, что я пьяница, но алкоголь развязывает мне язык.

- После того, что вы сейчас сказали, - промолвил с улыбкой Литвинов, - мне нечего и спрашивать, к какой вы принадлежите партии и какого мнения вы о Европе. Но позвольте мне сделать вам одно замечание. Вот вы говорите, что нам следует занимать, перенимать у наших старших братьев; но как же возможно перенимать, не соображаясь с условиями климата, почвы, с местными, с народными особенностями? Отец мой, помнится, выписал от Бутенопов чугунную, отлично зарекомендованную веялку; веялка эта, точно, была очень хороша - и что же? Она целых пять лет простояла в сарае безо всякой пользы, пока ее не заменила деревянная американская - гораздо более подходящая к нашему быту и к нашим привычкам, как вообще все американские машины. Нельзя, Созонт Иванович, перенимать зря.

Потугин приподнял голову.

- Не ожидал я от вас такого возражения, почтеннейший Григорий Михайлович, - начал он погодя немного. Кто же вас заставляет перенимать зря? Ведь вы чужое берете не потому, что оно чужое, а потому, что оно вам пригодно: стало быть, вы соображаете, вы выбираете. А что до результатов - так вы не извольте беспокоиться: своеобразность в них будет в силу самых этих местных, климатических и прочих условий, о которых вы упоминаете. Вы только предлагайте пищу добрую, а народный желудок ее переварит по-своему; и со временем, когда организм окрепнет, он даст свой сок. Возьмите пример хоть с нашего языка. Петр Великий наводнил его тысячами чужеземных слов, голландских, французских, немецких: слова эти выражали понятия, с которыми нужно было познакомить русский народ; не мудрствуя и не церемонясь.. Петр вливал эти слова целиком, ушатами, бочками в нашу утробу. Сперва - точно, вышло нечто чудовищное, а потом - началось именно то перевариванье, о котором я вам докладывал. Понятия привились и усвоились; чужие формы постепенно испарились, язык в собственных недрах нашел чем их заменить - и теперь ваш покорный слуга, стилист весьма посредственный, берется перевести любую страницу из Гегеля... да-с, да-с, из Гегеля... не употребив ни одного неславянского слова. Что произошло с языком, то, должно надеяться, произойдет и в других сферах. Весь вопрос в том - крепка ли натура? а наша натура - ничего, выдержит:-не в таких была передрягах. Бояться за свое здоровье, за свою самостоятельность могут одни нервные больные да слабые народы; точно так же как восторгаться до пены у рта тому, что мы, мол, русские, - способны одни праздные люди. Я очень забочусь о своем здоровье, но в восторг от него не прихожу: совестно-с.

- Все так, Созонт Иваныч, - заговорил в свою очередь Литвинов, - но зачем же непременно подвергать нас подобным испытаниям? Сами ж вы говорите, что сначала вышло нечто чудовищное! Ну - а коли это чудовищное так бы и осталось? Да оно и осталось, вы сами знаете.

- Только не в языке - а уж это много значит! А наш народ не я делал;не я виноват, что ему суждено проходить через такую школу. "Немцы правильно развивались, кричат славянофилы, - подавайте и нам правильное развитие!" Да где ж его взять, когда самый первый исторический поступок нашего племени - призвание себе князей из-за моря - есть уже неправильность, ненормальность, которая повторяется на каждом из нас до сих пор;каждый из нас, хоть раз в жизни, непременно чему-нибудь чужому, не русскому сказал: "Иди владети и княжити надо мною!" Я, пожалуй, готов согласиться, что, вкладывая иностранную суть в собственное тело, мы никак не можем наверное знать наперед, что такое мы вкладываем: кусок хлеба или кусок яда? Да ведь известное дело: от худого к хорошему никогда не идешь через лучшее, а всегда через худшее, - и яд в медицине бывает полезен. Одним только тупицам или пройдохам прилично указывать с торжеством на бедность крестьян после освобождения, на усиленное их пьянство после уничтожения откупов... Через худшее к хорошему!

Потугин провел рукой по лицу.

- Вы спрашивали меня, какого я мнения о Европе, начал он опять, - я удивляюсь ей и предан ее началам до чрезвычайности и нисколько не считаю нужным это скрывать. Я давно... нет, недавно... с некоторых пор, перестал бояться высказывать свои убеждения... Ведь вот и вы не усомнились заявить господину Губареву свой образ мыслей. Я, слава богу, перестал соображаться с понятиями, воззрениями, привычками человека, с которым беседую. В сущности, я ничего не знаю хуже той ненужной трусости, той подленькой угодливости, в силу которой, посмотришь, иной важный сановник у нас подделывается к ничтожному в его глазах студентику, чуть не заигрывает с ним, зайцем к нему забегает. Ну, положим, сановник так поступает из желания популярности, а нашему брату, разночинцу, из чего вилять? Да-с, да-с, я западник, я предан Европе; то есть, говоря точнее, я предан образованности, той самой образованности, над которою так мило у нас теперь потешаются, - цивилизации, - да, да, это слово еще лучше, - и люблю ее всем сердцем, и верю в нее, и другой веры у меня нет и не будет. Это слово: ци... ви... ли... зация (Потугин отчетливо, с ударением произнес каждый слог) - и понятно, и чисто, и свято, а другие все, народность там, что ли, слава, кровью пахнут... бог с ними!

- Ну, а Россию, Созонт Иваныч, свою родину, вы любите?

Потугин провел рукой по лицу.

- Я ее страстно люблю и страстно ее ненавижу.

Литвинов пожал плечами.

- Это старо, Созонт Иваныч, это общее место.

- Так что же такое? Что за беда? Вот чего испугались! Общее место! Я знаю много хороших общих мест. Да вот, например: свобода и порядок - известное общее место. Что ж, по-вашему, лучше, как у нас: чиноначалие и безурядица? И притом, разве все эти фразы, от которых так много пьянеет молодых голов: презренная буржуазия, souverainite du peuple, право на работу, - разве они тоже не общие места? А что до любви, неразлучной с ненавистью.

- Байроновщина, - перебил Литвинов, - романтизм тридцатых годов.

- Вы ошибаетесь, извините-с; первый указал на подобное смешение чувств Катулл, римский поэт Катулл две тысячи лет тому назад. Я это у него вычитал, потому что несколько знаю по-латыни, вследствие моего, если смею так выразиться, духовного происхождения. Да-с; я и люблю и ненавижу свою Россию, свою странную, милую, скверную, дорогую родину. Я теперь вот ее покинул: нужно было проветриться немного после двадцатилетнего сидения за казенным столом, в казенном здании; я покинул Россию, и здесь мне очень приятно и весело; но я скоро назад поеду, я это чувствую. Хороша садовая земля... да не расти на ней морошке!

22

- Вам весело, вам приятно, и мне здесь хорошо, - сказал Литвинов, - и я сюда учиться приехал; но это не мешает мне видеть хоть бы вот подобные штучки... - Он указал на двух проходивших лореток, около которых кривлялось и картавило несколько членов Жокей-клуба, и на игорную залу, набитую битком, несмотря на позднее время дня.

- Да кто же вам сказал, что и я слеп на это? - подхватил Потугин. - Только, извините меня, ваше замечание напоминает мне торжествующие указания наших несчастных журнальцев во время Крымской кампании на недостатки английского военного управления, разоблаченные "Тэймсом". Я сам не оптимист, и все человеческое, вся наша жизнь, вся эта комедия с трагическим концом не представляется мне в розовом свете; но зачем навязывать именно Западу то, что, быть может, коренится в самой нашей человеческой сути? Этот игорный дом безобразен, точно; ну, а доморощенное наше шулерство небось красивее? Нет, любезнейший Григорий Михайлович, будемте посмирнее да потише: хороший ученик видит ошибки своего учителя, но молчит о них почтительно; ибо самые эти ошибки служат ему в пользу и наставляют его на прямой путь. А если вам непременно хочется почесать зубки насчет гнилого Запада, то вот бежит рысцой князь Коко;он, вероятно, спустил в четверть часа за зеленым столом трудовой, вымученный оброк полутораста семейств, нервы его раздражены, притом я видел, он сегодня у Маркса перелистывал брошюру Вельйо... Отличный вам будет собеседник!

- Да позвольте, позвольте, - поспешно проговорил Литвинов, видя, что Потугин приподнимается с места. Я князя Коко знаю очень мало и, уж конечно, предпочитаю беседу с вами...

- Очень вам благодарен, - перебил его Потугин, вставая и раскланиваясь, - но я уже так-таки многонько беседовал с вами, то есть, собственно, говорил я один, а вы, вероятно, сами по себе заметили, что человеку всегда как-то совестно и неловко становится, когда он много наговорит - один. Особенно так, с первого раза: вот, мол, я каков, посмотри! До приятного свиданья... А я, повторяю, очень рад моему знакомству с вами.

- Да постойте, Созонт Иваныч, скажите, по крайней мере, где вы живете и долго ли здесь намерены остаться?

Потугина как будто слегка покоробило.

- С неделю я еще останусь в Бадене, а впрочем, мы можем сходиться вот тут, у Вебера или у Маркса. А не то я к вам зайду.

- Все-таки мне нужно знать ваш адрес.

- Да. Но вот что: я не один.

- Вы женаты? - внезапно спросил Литвинов.

- Нет, помилуйте... зачем так несообразно говорить?.. Но со мной девица.

23

- А! - с вежливою ужимкой, как бы извиняясь, промолвил Литвинов и потупил глаза.

- Ей всего шесть лет, - продолжал Потугин. - Она сирота... дочь одной дамы... одной моей хорошей знакомой. Уж мы лучше будем сходиться здесь. Прощайте-с.

Он нахлобучил шляпу на свою курчавую голову и быстро удалился, мелькнув раза два под газовыми рожками, довольно скупо освещающими дорогу, ведущую к Лихтенталевской аллее.

VI

"Странный человек! - думал Литвинов, направляясь к гостинице, в которой остановился. Странный человек! Надо будет отыскать его". Он вошел в свою комнату: письмо на столе бросилось ему в глаза. "А! от Тани!" - подумал он и заранее обрадовался; но письмо было из деревни, от отца. Литвинов сломил крупную гербовую печать и принялся было читать... Сильный, очень приятный и знакомый запах поразил его. Он оглянулся и увидел на окне в стакане воды большой букет свежих гелиотропов. Литвинов нагнулся к ним не без удивления, потрогал их, понюхал... Что-то как будто вспомнилось ему, что-то весьма отдаленное... но что именно, он не мог придумать. Он позвонил слугу и спросил его: откуда взялись эти цветы?

Слуга отвечал, что их принесла дама, которая не хотела назваться, но сказала, что он, мол, "герр Злуитенгоф", по самым этим цветам непременно должен догадаться, кто она такая. Литвинову опять как будто что-то вспомнилось... Он спросил у слуги: какой наружности была дама? Слуга объяснил, что она была высокого роста и прекрасно одета, а на лице имела вуаль.

- Вероятно, русская графиня, - прибавил он.

- Почему вы так полагаете? - спросил Литвинов.

- Она мне дала два гульдена, - ответил слуга и осклабился.

Литвинов услал его и долго потом стоял в раздумье перед окном; наконец, однако, махнул рукой и снова принялся за письмо из деревни. Отец изливал в нем свои обычные жалобы, уверял, что хлеба никто даже даром не берет, что люди вышли вовсе из повиновения и что, вероятно, скоро наступит конец света. "Вообрази ты себе, - писал он между прочим, - последнего моего кучера, калмычонка, помнишь? испортили, и непременно так бы и пропал человек, и ездить было бы не с кем, да,

24

спасибо, добрые люди надоумили и посоветовали отослать больного в Рязань к священнику, известному мастеру против порчи; и лечение действительно удалось как нельзя лучше, в подтверждение чего прилагаю письмо самого батюшки, яко документ". Литвинов с любопытством пробежал этот документ. В нем обозначалось, что "дворовый человек Никанор Дмитриев был одержим болезнию, по медицинской части недоступною; и эта болезнь зависящая от злых людей; а причиной он сам, Никанор, ибо свое обещание перед некою девицей не сполнил, а потому она через людей сделала его никуда не способным, и если б не я в этих обстоятельствах объявился ему помощником, то он должен был совершенно погибнуть, как червь капустная; но аз, надеясь на всевидящее око, сделался ему подпорой в его жизни; а как я оное совершил, сне есть тайна; а ваше благородие прошу, чтоб оной девице впредь такими злыми качествами не заниматься и даже пригрозить не мешает, а то она опять может над ним злодействовать". Задумался Литвинов над этим документом; повеяло на него степною глубью, слепым мраком заплесневшей жизни, и чудно показалось ему, что он прочел это письмо именно в Бадене. Между тем полночь уже давно пробила; Литвинов лег в постель и задул свечу.

Но он не мог заснуть: виденные им лица, слышанные им речи то и дело вертелись и кружились, странно сплетаясь и путаясь в его горячей, от табачного дыма разболевшейся голове. То чудилось ему мычанье Губарева и представлялись его вниз устремленные глаза с их тупым и упрямым взглядом; то вдруг эти самые глаза разгорались и прыгали, и он узнавал Суханчикову, слышал ее трескучий голос и невольно, шепотом, повторял за нею: "Дала, дала пощечину"; то выдвигалась перед ним нескладная фигура Потугина, и он в десятый, в двадцатый раз припоминал каждое его слово; то, как куколка из табакерки, выскакивал Ворошилов в своем общелкнутом пальто, сидевшем на нем, как новый мундирчик, и Пищалкин мудро и важно кивал отлично выстриженною и действительно благонамеренною головой; а там Биндасов гаркал и ругался, и Бамбаев восторгался слезливо... А главное: этот запах, неотступный, неотвязный, сладкий, тяжелый запах не давал ему покоя, и все сильней и сильней разливался в темноте, и все настойчивее напоминал ему что-то, чего он никак уловить не мог... Литвинову пришло в голову, что запах цветов вреден для здоровья ночью в спальне, и он встал, ощупью добрел до букета и вынес его в соседнюю комнату; но и оттуда проникал к нему в подушку, под одеяло, томительный запах, и он тоскливо переворачивался с боку на бок. Уже лихорадка начинала подкрадываться к нему; уже священник, "мастер против порчи", два раза в виде очень прыткого зайца с бородой и косичкой перебежал ему дорогу, и, сидя в огромном генеральском султане, как в кусте, соловьем защелкал над ним Ворошилов... как вдруг он приподнялся с постели и, всплеснув руками, воскликнул: "Неужели она, не может быть!"

Но для того, чтоб объяснить это восклицание Литвинова, мы должны попросить снисходительного читателя вернуться с нами за несколько лет назад...

VII

В начале пятидесятых годов проживало в Москве, в весьма стесненных обстоятельствах, чуть не в бедности, многочисленное семейство князей Осининых. То были настоящие, не татаро-грузинские, а чистокровные князья, Рюриковичи; имя их часто встречается в наших летописях при первых московских великих князьях, русской земли собирателях; они владели обширными вотчинами и многими поместьями, неоднократно были жалованы за "работы и кровь и увечья", заседали в думе боярской, один из них даже писался с "вичем"; но попали в опалу по вражьему наговору в "ведунстве и кореньях"; их разорили "странно и всеконечно", отобрали у них честь, сослали их в места заглазные; рухнули Осинины и уже не справились, не вошли снова в силу; опалу с них сняли со временем и даже "московский дворишко" и "рухлядишку" возвратили, но ничто не помогло. Забеднял, "захудал" их род - не поднялся ни при Петре, ни при Екатерине и, все мельчая и понижаясь, считал уже частных управляющих, начальников винных контор и квартальных надзирателей в числе своих членов. Семейство Осининых, о котором у нас зашла речь, состояло из мужа, жены и пяти человек детей. Проживало оно около Собачьей площадки, в одноэтажном деревянном домике, с полосатым парадным крылечком на улицу, зелеными львами на воротах и прочими дворянскими затеями, и едва-едва сводило концы с концами, должая в овощную лавочку и частенько сидя без дров и без свеч по зимам. Сам князь был человек вялый и глуповатый, некогда красавец и франт, но совершенно опустившийся; ему, не столько из уважения к его имени, сколько из внимания к его жене, бывшей фрейлине, дали одно из московских старозаветных мест с небольшим жалованьем, мудреным названием и безо всякого дела; он ни во что не вмешивался и только курил с утра до вечера, не выходя из шлафрока и тяжело вздыхая. Супруга его была женщина больная и озлобленная, постоянно озабоченная хозяйственными дрязгами, помещением детей в казенные заведения и поддержкой петербургских связей; она никак не могла свыкнуться с своим положением и удалением от двора.

Отец Литвинова, в бытность свою в Москве, познакомился с Осиниными, имел случай оказать им некоторые услуги, дал им однажды рублей триста взаймы; и сын его, будучи студентом, часто к ним наведывался, кстати ж, его квартира находилась не в дальнем расстоянии от их дома. Но не близость соседства привлекала его, не плохие удобства их образа жизни его соблазняли: он стал часто посещать Осининых с тех пор, как влюбился в их старшую дочь Ирину.

Ей минуло тогда семнадцать лет; она только что оставила институт, откуда мать ее взяла по неприятности с начальницей. Неприятность произошла от того, что Ирина должна была произнести на публичном акте приветственные стихи попечителю на французском языке, а перед самым актом ее сменила другая девица, дочь очень богатого откупщика. Княгиня не могла переварить этот афронт; да и сама Ирина не простила начальнице ее несправедливости; она уже заранее мечтала о том, как на виду всех, привлекая всеобщее внимание, она встанет, скажет свою речь, и как Москва потом заговорит о ней... И точно: Москва, вероятно, заговорила бы об Ирине. Это была девушка высокая, стройная, с несколько впалою грудью и молодыми узкими плечами, с редкою в ее лета бледно-матовою кожей, чистою и гладкою как фарфор, с густыми белокурыми волосами; их темные пряди оригинально перемежались другими, светлыми. Черты ее лица, изящно, почти изысканно правильные, не вполне утратили то простодушное выражение, которое свойственно первой молодости; но в медлительных наклонениях ее красивой шейки, в улыбке, не то рассеянной, не то усталой, сказывалась нервическая барышня, а в самом рисунке этих чуть улыбавшихся, тонких губ, этого небольшого, орлиного, несколько сжатого носа было что-то своевольное и страстное, что-то опасное и для других, и для нее. Поразительны, истинно поразительны были ее глаза, исчернасерые, с зеленоватыми отливами, с поволокой, длинные, как у египетских божеств, с лучистыми ресницами и смелым взмахом бровей. Странное выражение было у этих глаз: они как будто глядели, внимательно и задумчиво глядели из какой-то неведомой глубины и дали. В институте Ирина слыла за одну из лучших учениц по уму и способностям, но с характером непостоянным, властолюбивым и с бедовою головой; одна классная дама напророчила ей, что ее страсти ее погубят - "Vos passions vous perdront"; зато другая классная дама ее преследовала за холодность и бесчувственность и называла ее "une jeune fille sans coeur". Подруги Ирины находили ее гордою и скрытною, братья и сестры ее побаивались, мать ей не доверяла, а отцу становилось неловко, когда она устремляла на него свои таинственные глаза; но и отцу и матери она внушала чувство невольного уважения не в силу своих качеств, а в силу особенных, неясных ожиданий, которые она в них возбуждала, бог ведает почему.

- Вот ты увидишь, Прасковья Даниловна, - сказал однажды старый князь, вынимая чубук изо рта, Аринка то нас еще вывезет.

Княгиня рассердилась и сказала мужу, что у него "des expressions insupportables", но потом задумалась и повторила сквозь зубы:

- Да... и хорошо бы нас вывезти.

Ирина пользовалась почти неограниченною свободою в родительском доме; ее не баловали, даже немного чуждались ее, но и не прекословили ей: она только того и хотела... Бывало, при какой-нибудь уже слишком унизительной сцене: лавочник ли придет и станет кричать на весь двор, что ему уж надоело таскаться за своими же деньгами, собственные ли люди примутся в глаза бранить своих господ, что вы, мол, за князья, коли сами с голоду в кулак свищете, - Ирина даже бровью не пошевельнет и сидит неподвижно, со злою улыбкою на сумрачном лице; а родителям ее одна эта улыбка горше всяких упреков, и чувствуют они себя виноватыми, без вины виноватыми перед этим существом, которому как будто с самого рождения дано было право на богатство, на роскошь, на поклонение.

Литвинов влюбился в Ирину, как только увидал ее (он был всего тремя годами старше ее), и долгое время не мог добиться не только взаимности, но и внимания. На ее обращении с ним лежал даже отпечаток какой-то враждебности; точно он обидел ее и она глубоко затаила обиду, а простить ее не могла. Он был слишком молод и скромен в то время, чтобы понять, что могло скрываться под этою враждебною, почти презрительною суровостью. Бывало, забыв лекции и тетради, сидит он в невеселой гостиной осининского дома, сидит и украдкой смотрит на Ирину: сердце в нем медленно и горестно тает и давит ему грудь; а она как будто сердится, как будто скучает, встанет, пройдется по комнате, холодно посмотрит на него, как на стол или на стул, пожмет плечом и скрестит руки; или в течение целого вечера, даже разговаривая с Литвиновым, нарочно ни разу не взглянет на него, как бы отказывая ему и в этой милостыне; или, наконец, возьмет книжку и уставится в нее, не читая, хмурится и кусает губы, а не то вдруг громко спросит у отца или у брата: как по-немецки "терпение"? Он попытался вырваться из заколдованного круга, в котором мучился и бился безустанно, как птица, попавшая в западню; он отлучился на неделю из Москвы. Чуть не сошед с ума от тоски и скуки, весь исхудалый, больной, вернулся он к Осининым... Странное дело! Ирина тоже заметно похудела за эти дни, лицо ее пожелтело, щеки осунулись... но встретила она его с большей еще холодностью, с почти злорадным небрежением, точно он еще увеличил ту тайную обиду, которую ей нанес... Так мучила она его месяца два. Потом в один день все изменилось. Словно вспыхнула пожаром, словно грозовою тучею налетела любовь. Однажды - он долго помнил этот день - он опять сидел в гостиной Осининых у окна и смотрел бессмысленно на улицу, и досадно ему было, и скучно, и презирал он самого себя, и с места двинуться он не мог... Казалось, теки река тут же под окном, бросился бы он в нее с ужасом, но без сожаления. Ирина поместилась недалеко от него и как-то странно молчала и не шевелилась. Она уже несколько дней не говорила с ним вовсе, да и ни с кем она не говорила; все сидела, подпершись руками, словно недоумевала, и лишь изредка медленно осматривалась кругом. Это холодное томление пришлось, наконец, невмочь Литвинову; он встал и, не прощаясь, начал искать свою шапку. "Останьтесь", - послышался вдруг тихий шепот. Сердце дрогнуло в Литвинове, он не сразу узнал голос Ирины: что-то небывалое прозвучало в одном этом слове. Он поднял голову и остолбенел: Ирина ласково, да, ласково глядела на него. "Останьтесь, - повторила она, - не уходите. Я хочу быть с вами". Она еще понизила голос: "Не уходите... я хочу". Ничего не понимая, не сознавая хорошенько, что он делает, он приблизился к ней, протянул руки... Она тотчас подала ему обе свои, потом улыбнулась, вспыхнула вся, отвернулась и, не переставая улыбаться, вышла из комнаты... Через несколько минут она возвратилась вместе с младшею сестрой, опять взглянула на него тем же долгим и кротким взглядом и усадила его возле себя... Сперва она ничего не могла сказать: только вздыхала и краснела; потом начала, словно робея, расспрашивать его об его занятиях, чего она прежде никогда не делала. Вечером того же дня она несколько раз принималась извиняться перед ним в том, что не умела оценить его до сих пор, уверяла его, что она теперь совсем другая стала, удивила его внезапною республиканскою выходкой (он в то время благоговел перед Робеспьером и не дерзал громко осуждать Марата), а неделю спустя он уже знал, что она его полюбила. Да; он долго помнил тот первый день... но не забыл он также и последующих - тех дней, когда, еще силясь сомневаться и боясь поверить, он с замираниями восторга, чуть не испуга, видел ясно, как нарождалось, росло и, неотразимо захватывая все перед собою, нахлынуло, наконец, неожиданное счастье. Наступили светлые мгновенья первой любви, мгновенья, которым не суждено, да и не следует повторяться в одной и той же жизни. Ирина стала вдруг повадлива как овечка, мягка как шелк и бесконечно добра; принялась давать уроки своим младшим сестрам - не на фортепьяно, - она не была музыкантшей - но во французском языке, в английском; читала с ними их учебники, входила в хозяйство; все ее забавляло, все занимало ее; она то болтала без умолку, то погружалась в безмолвное умиление; строила различные планы, пускалась в нескончаемые предположения о том, что она будет делать, когда выйдст замуж за Литвинова (они нисколько не сомневались в том, что брак их состоится), как они станут вдвоем... "Трудиться?" - подсказывал Литвинов... "Да, трудиться, - повторяла Ирина, - читать... но главное - путешествовать". Ей особенно хотелось оставить поскорее Москву, и когда Литвинов представлял ей, что он еще не кончил курса в университете, она каждый раз, подумав немного, возражала, что можно доучиться в Берлине или... там где-нибудь. Ирина мало стеснялась в выражении чувств своих, а потому для князя и княгини расположение ее к Литвинову оставалось тайной недолго. Обрадоваться они не обрадовались, но, сообразив все обстоятельства, не сочли нужным наложить тотчас свое "veto". Состояние Литвинова было порядочное... "Но фамилия, фамилия!.. " - замечала княгиня. "Ну, конечно, фамилия, - отвечал князь, - да все ж он не разночинец, а главное: ведь Ирина не послушается нас. Разве было когда-нибудь, чтоб она не сделала того, чего захотела? Vous connaissez sa violence! Притом же определительного еще ничего нет"- Так рассуждал князь, и тут же, однако, мысленно прибавил: "Мадам Литвинова - и только? Я ожидал другого". Ирина вполне завладела своим будущим женихом, да и он сам охотно отдался ей в руки. Он словно попал в водоворот, словно потерял себя... И жутко ему было, и сладко, и ни о чем он не жалел, и ничего не берег. Размышлять о значении, об обязанностях супружества, о том, может ли он, столь безвозвратно покоренный, быть хорошим мужем, и какая выйдет из Ирины жена, и правильны ли отношения между ними - он не мог решительно; кровь его загорелась, и он знал одно: идти за нею, с нею, вперед и без конца, а там будь что будет! Но, несмотря на всякое отсутствие сопротивления со стороны Литвинова, на избыток порывистой нежности со стороны Ирины, дело все-таки не обошлось без некоторых недоразумений и толчков. Однажды он забежал к ней прямо из университета, в старом сюртуке, с руками, запачканными в чернилах. Она бросилась к нему навстречу с обычным ласковым приветом - и вдруг остановилась.

- У вас нет перчаток, - с расстановкою проговорила она и тотчас же прибавила: - фи! какой вы... студент!

- Вы слишком впечатлительны, Ирина, - заметил Литвинов.

- Вы... настоящий студент, - повторила она, - vous n'etes pas distingue.

И, повернувшись к нему спиной, она вышла вон из комнаты. Правда, час спустя она умоляла его простить ее... Вообще она охотно казнилась и винилась перед ним; только - странное дело! она часто, чуть не плача, обвиняла себя в дурных побуждениях, которых не имела, и упорно отрицала свои действительные недостатки. В другой раз он застал ее в слезах, с головою, опертою на руки, с распущенными локонами; и когда, весь перетревоженный, он спросил о причине ее печали, она молча указала пальцем себе на грудь. Литвинов невольно вздрогнул.

"Чахотка!" - мелькнуло у него в голове, и он схватил ее за руку.

- Ты больна? - произнес он трепетным голосом (они уже начали в важных случаях говорить "ты" друг другу). - Так я сейчас за доктором...

Но Ирина не дала ему докончить и с досадой топнула ножкой.

- Я совершенно здорова... но это платье... разве вы не понимаете?

- Что такое?.. это платье... - проговорил он с недоумением.

- Что такое? А то, что у меня другого нет, и что оно старое, гадкое, и я принуждена надевать это платье каждый день... даже когда ты... когда вы приходите... Ты, наконец, разлюбишь меня, видя меня такой замарашкой!

- Помилуй, Ирина, что ты говоришь! И платье это премилое... Оно мне еще потому дорого, что я в первый раз в нем тебя видел.

Ирина покраснела.

- Не напоминайте мне, пожалуйста, Григорий Михайлович, что у меня уже тогда не было другого платья.

- Но уверяю вас, Ирина Павловна, оно прелесть как идет к вам.

- Нет, оно гадкое, гадкое, - твердила она, нервически дергая свои длинные мягкие локоны. Ох, эта бедность, бедность, темнота! Как избавиться от этой бедности! Как выйти, выйти из темноты!

Литвинов не знал, что сказать, и слегка отворотился...

Вдруг Ирина вскочила со стула и положила ему обе руки на плечи.

- Но ведь ты меня любишь? Ты любишь меня? - промолвила она, приблизив к нему свое лицо, и глаза ее, еще полные слез, засверкали веселостью счастья. Ты любишь меня и в этом гадком платье?

Литвинов бросился перед ней на колени.

- Ах, люби меня, люби меня, мой милый, мой спаситель, - прошептала она, пригибаясь к нему.

Так дни неслись, проходили недели, и хотя никаких еще не произошло формальных объяснений, хотя Литвинов все еще медлил с своим запросом, конечно, не по собственному желанию, а в ожидании повеления от Ирины (она как-то раз заметила, что мы-де оба смешно молоды, надо хоть несколько недель еще к нашим годам прибавить), но уже все подвигалось к развязке, и ближайшее будущее обозначалось ясней и ясней, как вдруг совершилось событие, рассеявшее, как легкую дорожную пыль, все те предположения и планы.

VIII

В ту зиму двор посетил Москву. Одни празднества сменялись другими; наступил черед и обычному большому балу в Дворянском собрании. Весть об этом бале, правда в виде объявления в "Полицейских ведомостях", дошла и до домика на Собачьей площадке. Князь всполошился первый; он тотчас решил, что надо непременно ехать и везти

Ирину, что непростительно упускать случай видеть своих государей, что для столбовых дворян в этом заключается даже своего рода обязанность. Он настаивал на своем мнении с особенным, вовсе ему не свойственным жаром; княгиня до некоторой степени соглашалась с ним и только вздыхала об издержках; но решительное сопротивление оказала Ирина. "Не нужно, не поеду", - отвечала она на все родительские доводы. Ее упорство приняло такие размеры, что старый князь решился наконец попросить Литвинова постараться уговорить ее, представив ей, в числе других "резонов", что молодой девушке неприлично дичиться света, что следует "и это испытать", что уж и так ее никто нигде не видит. Литвинов взялся представить ей эти "резоны". Ирина пристально и внимательно посмотрела на него, так пристально и так внимательно, что он смутился, и, поиграв концами своего пояса, спокойно промолвила:

- Вы этого желаете? вы?

- Да... я полагаю, - отвечал с запинкой Литвинов. - Я согласен с вашим батюшкой... Да и почему вам не поехать... людей посмотреть и себя показать, - прибавил он с коротким смехом.

- Себя показать, - медленно повторила она. Ну, хорошо, я поеду... Только помните, вы сами этого желали.

- То есть, я... - начал было Литвинов.

- Вы сами этого желали, - перебила она. И вот еще одно условие: вы должны мне обещать, что вас на этом бале не будет.

- Но отчего же?

- Мне так хочется.

Литвинов расставил руки.

- Покоряюсь... но, признаюсь, мне было бы так весело видеть вас во всем великолепии, быть свидетелем того впечатления, которое вы непременно произведете... Как бы я гордился вами! - прибавил он со вздохом.

Ирина усмехнулась.

- Все это великолепие будет состоять в белом платье, а что до впечатления... Ну, словом, я так хочу.

- Ирина, ты как будто сердишься?

Ирина усмехнулась опять.

- О нет! Я не сержусь. Только ты... (Она вперила в него свои глаза, и ему показалось, что он еще иикогда не видал в них такого выражения.) Может быть, это нужно, прибавила она вполголоса.

- Но, Ирина, ты меня любишь?

- Я люблю тебя, - ответила она с почти торжественною важностью и крепко, по-мужски, пожала ему руку.

Все следующие дни Ирина тщательно занималась своим туалетом, своею прической; накануне бала она чувствовала себя нездоровою, не могла усидеть на месте; всплакнула раза два в одиночку: при Литвинове она как-то однообразно улыбалась... впрочем, обходилась с ним по-прежнему нежно, но рассеянно и то и дело посматривала на себя в зеркало. В самый день бала она была очень молчалива и бледна, но спокойна. Часу в девятом вечера Литвинов пришел посмотреть на нее. Когда она вышла к нему в белом тарлатановом платье, с веткой небольших синих цветов в слегка приподнятых волосах, он так и ахнул: до того она ему показалась прекрасною и величественною, уж точно не по летам. "Да она выросла с утра, - подумал он, - и какая осанка! Что значит, однако, порода!" Ирина стояла перед ним с опущенными руками, не улыбаясь и не жеманясь, и глядела решительно, почти смело, не на него, а куда-то вдаль, прямо перед собою.

- Вы точно сказочная царевна, - промолвил наконец Литвинов, - или нет: вы, как полководец перед сражением, перед победой... Вы не позволили мне ехать на этот бал, продолжал он, между тем как она по-прежнему не шевелилась и не то чтобы не слушала его, а следила за другою, внутреннею речью, - но вы не откажетесь принять от меня и взять с собою эти цветы?

Он подал ей букет из гелиотропов.

Она быстро взглянула на Литвинова, протянула руки и, внезапно схватив конец ветки, украшавшей ее голову, промолвила:

- Хочешь? Скажи только слово, и я сорву все это и останусь дома.

У Литвинова сердце так и покатилось. Рука Ирины уже срывала ветку...

- Нет, нет, зачем же? - подхватил он торопливо, в порыве благодарных и великодушных чувств, - я не эгоист, зачем стеснять свободу... когда я знаю, что твое сердце...

- Ну, так не подходите, платье изомнете, - поспешно проговорила она.

Литвинов смешался.

- А букет возьмете? - спросил он.

- Конечно: он очень мил, и я очень люблю этот запах. Mersi... Я его сохраню на память...

- Первого вашего выезда, - заметил Литвинов, - первого вашего торжества.

Ирина посмотрела на себя в зеркало через плечо, чуть согнувши стан.

- И будто я в самом деле так хороша? Вы не пристрастны?

Литвинов рассыпался в восторженных похвалах. Но Ирина уже не слушала его и, поднеся букет к лицу, опять глядела куда-то вдаль своими странными, словно потемневшими и расширенными глазами, а поколебленные легким движением воздуха концы тонких лент слегка приподнимались у ней за плечами, словно крылья. Появился князь, завитый, в белом галстуке, черном полинялом фраке и с владимирскою лентой дворянской медали в петлице; за ним вошла княгиня в шелковом платье шине, старого покроя, и с тою суровою заботливостию, под которою матери стараются скрыть свое волнекие, оправила сзади дочь, то есть безо всякой нужды встряхнула складками ее платья. Четвероместный ямской рыдван, запряженный двумя мохнатыми клячами, подполз к крыльцу, скрыпя колесами по сугробам неразметенного снега, и тщедушный лакей в неправдоподобной ливрее выскочил из передней и с некоторою отчаянностью доложил, что карета готова... Благословив на ночь оставшихся детей и облачившись в меховые одежды, князь и княгиня направились к крыльцу; Ирина в жиденьком коротеньком салопчике, - уж как же ненавидела она этот салопчик! - молча последовала за ними. Провожавший их Литвинов надеялся получить прощальный взгляд от Ирины, но она села в карету, не оборачивая головы.

Около полуночи он прошелся под окнами собрания. Бесчисленные огни громадных люстр сквозили светлыми точками из-за красных занавесей, и по всей площади, заставленной экипажами, нахальным, праздничным вызовом разносились звуки штраусовского вальса.

На другой день, часу в первом, Литвиное отправился к Осининым. Он застал дома одного князя, который тотчас же ему объявил, что у Ирины болит голова, что она лежит в постели и не встанет до вечера, что, впрочем, такое расстройство нимало не удивительно после первого бала.

- C'est tres naturel, vous savez, dans les jeunes filles, прибавил он по-французски, что несколько поразило Литвинова, который в то же мгновение заметил, что на князе был не шлафрок, как обыкновенно, а сюртук. И притом, - продолжал Осинин, - как ей было не занемочь после вчерашних происшествий!

- Происшествий? - пробормотал Литвинов.

- Да, да, происшествий, происшествий, de vrais evenements. Вы не можете, себе представить, Григорий Михайлович, quel succes elle a eu! Весь двор заметил ее! Князь Александр Федорович сказал, что ей место не здесь и что она напоминает ему графиню Девонширскую... ну, вы знаете, ту... известную... А старик граф Блазенкрампф объявил во всеуслышание, что Ирина - la reine du bal, и пожелал ей представиться; он и мне представился, то есть он мне сказал, что он меня помнит гусаром, и спрашивал, где я теперь служу. Презабавный этот граф, и такой rateur du beau sexe! Да что я! княгиня моя... и той не давали покоя: Наталья Никитишна сама с ней заговаривала... чего больше? Ирина танцевала avec tous lesmeilleurs cavaliers; уж подводили мне их, подводили... я и счет потерял. Поверите ли: так все и ходят толпами вокруг нас; в мазурке только ее и выбирали. Один иностранный дипломат, узнав, что она москвичка, сказал государю: "Sire, - сказал он, - decidement c'est Moscou qui est le centre de votre empire!" - а другой дипломат прибавил: "C'est une vraie revolution, sire", - revelation или revolution... что-то в этом роде. Да... да... это... это... я вам скажу: это было что-то необыкновенное.

- Ну, а сама Ирина Павловна? - спросил Литвинов, у которого во время княжеской речи похолодели ноги и руки, - веселилась, казалась довольна?

- Конечно, веселилась; еще бы ей не быть довольной! А впрочем, вы знаете, ее сразу не разберешь. Все мне говорят вчера:как это удивительно! jamais on ne dirait que mademoiselle vorte fille est a son premier bal. Граф Рейзенбах, между прочим... да вы его, наверное, знаете...

- Нет, я его вовсе не знаю и не знал никогда.

- Двоюродный брат моей жены...

- Не знаю я его.

- Богач, камергер, в Петербурге живет, в ходу человек, в Лифляндии всем вертит. До сих пор он нами пренебрегал... да ведь я за этим не гонюсь. J 'ai l'humeur facile, comme vous savez. Ну, так вот он. Подсел к Ирине, побеседовал с ней четверть часа, не более, и говорит потом моей княгине: "Ma cousine, говорит, votre fille est une perle; c'est une perfection;- все поздравляют меня с такой племянницей.. эх. А потом я гляжу: подошел он к... важной особе и говорит, а сам все посматривает на Ирину... ну, и особа посматривает...

- И так-таки Ирина Павловна целый день не покажется? - опять спросил Литвинов.

- Да; у ней голова очень болит. Она велела вам кланяться и благодарить вас за ваш букет, qu'on a trouve charmant. Ей нужно отдохнуть... Княгиня моя поехала с визитами... да и я сам вот...

Князь закашлялся и засеменил ногами, как бы затрудняясь, что еще прибавить. Литвинов взял шляпу, сказал, что не намерен мешать ему и зайдет позже осведомиться о здоровье, и удалился.

В нескольких шагах от осининского дома он увидел остановившуюся перед полицейскою будкой щегольскую двухместную карету. Ливрейный, тоже щегольской лакей, небрежно нагнувшись с козел, расспрашивал будочника из чухонцев, где здесь живет князь Павел Васильевич Осинин. Литвинов заглянул в карету: в ней сидел человек средних лет, геморроидальной комплекции, с сморщенным и надменным лицом, греческим носом и злыми губами, закутанный в соболью шубу, по всем признакам важный сановник.

35

IX

Литвинов не сдержал своего обещания зайти попозже; он сообразил, что лучше отложить посещение до следующего дня. Войдя, часов около двенадцати, в слишком знакомую гостиную, он нашел там двух младших княжон, Викториньку и Клеопатриньку. Он поздоровался с ними, потом спросил, легче ли Ирине Павловне и можно ли ее видеть.

- Ириночка уехала с мамасей, - отвечала Викторинька; она хотя и сюсюкала, но была бойчее своей сестры.

- Как... уехала? - повторил Литвинов, и что-то тихо задрожало у него в самой глубине груди. Разве... разве... разве она об эту пору не занимается с вами, не дает вам уроков?

- Ириночка теперь усь больсе нам уроков давать не будет, - отвечала Викторинька.

- Теперь уж не будет, - повторила за ней Клеопатринька.

- А папа ваш дома? - спросил Литвинов.

- И папаси нет дома, - продолжала Викторинька, - а Ириночка нездорова: она всю ночь плакала, плакала...

- Плакала?

- Да, плакала... Мне Егоровна сказала, и глаза у ней такие красные, так они и распухли...

Литвинов прошелся раза два по комнате, чуть-чуть вздрагивая, словно от холода, и возвратился к себе на квартиру. Он испытывал ощущение, подобное тому, которое овладевает человеком, когда он смотрит с высокой башни вниз: вся внутренность его замирала и голова кружилась тихо и приторно. Тупое недоумение и мышья беготня мыслей, неясный ужас и немота ожидания, и любопытство, странное, почти злорадное, в сдавленном горле горечь непролитых слез, на губах усилие пустой усмешки, и мольба, бессмысленная.. ни к кому не обращенная... о, как это все было жестоко и унизительно безобразно! "Ирина не хочет меня видеть, - беспрестанно вертелось у него в голове. это ясно;но почему же? Что такое могло произойти на этом злополучном бале? И как же возможна вдруг такая перемена? Так внезапно... (Люди беспрестанно видят, что смерть приходит внезапно, но привыкнуть к ее внезапности никак не могут и находят ее бессмысленною.) Ничего мне не велеть сказать, не хотеть объясниться со мною... "

- Григорий Михайлыч, - произнес чей-то напряженный голос над самым его ухом.

Литвинов встрепенулся и увидал перед собою своего человека с запиской в руках. Он узнал почерк Ирины... Еще не распечатав записки, он уже предчувствовал беду и склонил голову на грудь и поднял плечи, как бы хоронясь от удара.

Он собрался наконец с духом и разом разорвал куверт. На небольшом листке почтовой бумаги стояли следующие слова:

"Простите меня, Григорий Михайлыч. Все кончено между нами: я переезжаю в Петербург. Мне ужасно тяжело, но дело сделано. Видно, моя судьба... да нет, я не хочу оправдываться... Предчувствия мои сбылись. Простите меня, забудьте меня: я не стою вас.

Ирина"

"Будьте великодушны: не старайтесь меня увидеть".

Литвинов прочел эти пять строк и медленно опустился на диван, словно кто пихнул его в грудь. Он выронил записку, поднял ее, прочел снова, шепнул: "В Петербург", снова ее выронил, и только. На него нашла даже тишина; он даже своими закинутыми назад руками поправил подушку под головой. "Убитые насмерть не мечутся, - подумал он, - как налетело, так и улетело... Все это естественно; я всегда этого ожидал... (Он лгал перед самим собою: он никогда ничего подобного не ожидал.) Плакала?.. Она плакала?.. О чем же она плакала? Ведь она не любила меня! Впрочем, все это понятно и согласно с ее характером. Она, она меня не стоит... Вот как! (Он горько усмехнулся.) Она сама не знала, какая в ней таилась сила, ну, а убедившись в ее действии на бале, как же ей было остановиться на ничтожном студенте... Все это понятно".

Но тут он вспомнил ее нежные слова, ее улыбки и эти глаза, незабвенные глаза, которых он никогда не увидит, которые и светлели и таяли при одной встрече с его глазами; он вспомнил еще одно быстрое, робкое, жгучее лобзание - и он вдруг зарыдал, зарыдал судорожно, бешено, ядовито, перевернулся ниц и, захлебываясь и задыхаясь, с неистовым наслаждением, как бы жаждая растерзать и самого себя, и все вокруг себя, забил свое воспаленное лицо в подушку дивана, укусил ее.

Увы! тот господин, кого Литвинов видел накануне в карете, был именно двоюродный брат княгини Осининой, богач и камергер, граф Рейзенбах. Заметив впечатление, произведенное Ириной на высокопоставленные лица и мгновенно сообразив, какие "mit etwas Accuratesse" из этого факта можно извлечь выгоды, граф, как человек энергический и умеющий прислушиваться, тотчас составил свой план. Он решился действовать быстро, по-наполеоновски. "Возьму эту оригинальную девушку к себе в дом, - так размышлял он, - в Петербург; сделаю ее своею, черт возьми, наследницей, ну хоть не всего имения; кстати ж, у меня нет детей, она же мне племянница, и графиня моя скучает одна... Все же приятней, когда в гостиной хорошенькое личико... Да, да; это так: es ist eine Idee, es its eine Ideee". Надобно было ослепить, отуманить, поразить родителей. "Им же есть нечего, - продолжал граф свои размышления, уже сидя в карете и направляясь к Собачьей площадке, - так небось упрямиться не станут. Не такие же уж они чувствительные. Можно и сумму денег дать. А она? И она согласится. Мед сладок... она его вчера лизнула. Это мой каприз, положим; пускай же они им воспользуются... дураки. Я им скажу: так и так; решайтесь. А не то я возьму другую; сироту - еще удобнее. Да или нет, двадцать четыре часа сроку, und damit Punctum". С этими самыми словами на губах предстал граф перед князем, которого уже накануне, на бале, предварил о своем посещении. О последствиях же этого посещения, кажется, много распространяться не стоит. Граф не ошибся в своих расчетах: князь и княгиня действительно не упрямились и взяли сумму денег, и Ирина действительно согласилась, не дав истечь назначенному сроку. Нелегко ей было разорвать связь с Литвиновым; она его любила и, пославши ему записку, чуть не слегла в постель, беспрестанно плакала, похудела, пожелтела... Но со всем тем, месяц спустя, княгиня отвезла ее в Петербург и поселила у графа, поручив ее попечениям графини, женщины очень доброй, но с умом цыпленка и с наружностью цыпленка.

А Литвинов бросил тогда университет и уехал к отцу в деревню. Мало-помалу его рана зажила. Сперва он никаких сведений не имел об Ирине, да он и избегал разговоров о Петербурге и петербургском обществе. Потом понемногу начали бродить на ее счет слухи, не дурные, но странные; молва занялась ею. Имя княжны Осининой, окруженное блеском, отмеченное особенною печатью, стало чаще и чаще упоминаться даже в губернских кружках. Оно произносилось с любопытством, с уважением, с завистью, как произносилось некогда имя графини Воротынской. Наконец распространилась весть об ее замужестве. Но Литвинов едва обратил внимание на эту последнюю новинку: он был уже женихом Татьяны.

Теперь читателю, вероятно, понятно стало, что именно вспомнилось Литвинову, когда он воскликнул: "Неужели!" - а потому мы снова вернемся в Баден и снова примемся за нить прерванного нами рассказа.

X

Литвинов заснул очень поздно и спал недолго: солнце только что встало, когда он поднялся с постели. Видные из его окон вершины темных гор влажно багровели на ясном небе. "Как там, должно быть, свежо под деревьями!" - подумалось ему, и он поспешно оделся, рассеянно глянул на букет, еще пышнее распустившийся за ночь, взял палку и отправился за "Старый замок", на известные "Скалы". Утро обхватило его своею сильною и тихою лаской. Бодро дышал он, бодро двигался; здоровье молодости играло в каждой его жилке; сама земля словно подбрасывала его легкие ноги. С каждым шагом ему становилось все привольней, все веселей: он шел в росистой тени, по крупному песку дорожек, вдоль елок, по всем концам ветвей окаймленных яркою зеленью весенних отпрысков. "Эко славно как!" - та и дело твердил он про себя. Вдруг послышались ему знакомые голоса: он глянул вперед и увидел Ворошилова и Бамбаева, шедших к нему навстречу. Его так и покоробило: как школьник от учителя, бросился он в сторону и спрятался за куст... "Создатель! - взмолился он, - пронеси соотчичей!" Кажется, никаких бы денег в это мгновенье не пожалел он, лишь бы они его не увидали... И они действительно не увидали его: создатель пронес соотчичей мимо. Ворошилов своим кадетскидовольным голосом толковал Бамбаеву о различных "фазисах" готической архитектуры, а Бамбаев только подмычивал одобрительно; заметно было, что Ворошилов уже давно пробирает его своими фазисами, и добродушный энтузиаст начинал скучать. Долго, закусив губу и вытянув шею, прислушивался Литвинов к удалявшимся шагам; долго звучали то гортанные, то носовые переливы наставительной речи; наконец все затихло. Литвинов вздохнул, вышел из своей засады и отправился далее.

Часа три пробродил он по горам. Он то покидал дорожку и перепрыгивал с камня на камень, изредка скользя по гладкому мху; то садился на обломок скалы под дубом или буком и думал приятные думы под немолчное шептание ручейков, заросших папоротником, под успокоительный шелест листьев, под звонкую песенку одинокого черного дрозда; легкая, тоже приятная дремота подкрадывалась к нему, словно обнимала его сзади, и он засыпал... Но вдруг улыбался и оглядывался: золото и зелень леса, лесного воздуха били мягко ему в глаза - и он снова улыбался и снова закрывал их. Ему захотелось позавтракать, и он направился к Старому замку, где за несколько крейцеров можно получить стакан хорошего молока с кофеем. Но не успел он поместиться за одним из белых крашеных столиков, находящихся на платформе перед замком, как послышался тяжелый храп лошадей и появились три коляски, из которых высыпало довольно многочисленное общество дам и кавалеров... Литвинов тотчас признал их за русских, хотя они все говорили по-французски... потому что они говорили по-французски. Туалеты дам отличались изысканным щегольством; на кавалерах были сюртуки с иголочки, но в обтяжку и с перехватом, что не совсем обыкновенно в наше время, панталоны серые с искоркой и городские, очень глянцевитые шляпы. Низенький черный галстук туго стягивал шею каждого из этих кавалеров, и во всей их осанке сквозило нечто воинственное. Действительно, они были военные люди; Литвинов попал на пикник молодых генералов, особ высшего общества и с значительным весом. Значительность их сказывалась во всем: в их сдержанной развязности, в миловидно-величавых улыбках, в напряженной рассеянности взгляда, в изнеженном подергивании плеч, покачивании стана и сгибании колен; она сказывалась в самом звуке голоса, как бы любезно и гадливо благодарящего подчиненную толпу. Все эти воины были превосходно вымыты, выбриты, продушены насквозь каким-то истинно дворянским и гвардейским запахом, смесью отличнейшего сигарного дыма и удивительнейшего пачули. И руки у всех были дворянские, белые, большие, с крепкими, как слоновая кость, ногтями; у всех усы так и лоснились, зубы сверкали, а тончайшая кожа отливала румянцем на щеках, лазурью на подбородке. Иные из молодых генералов были игривы, другие задумчивы; но печать отменного приличия лежала на всех. Каждый, казалось, глубоко сознавал собственное достоинство, важностъ своей будущей роли в государстве и держал себя и строго и вольно, с легким оттенком той резвости, того "черт меня побери", которые так естественно появляются во время заграничных поездок. Рассевшись шумно и пышно, общество позвало засуетившихся кельнеров. Литвинов поторопился допить стакан молока, расплатился и, нахлобучив шляпу, уже проскользнул было мимо генеральского пикника.

- Григорий Михайлыч, - проговорил женский голос, вы не узнаете меня?

Он невольно остановился. Этот голос... Этот голос слишком часто в былое время заставлял биться его сердце... Он обернулся и увидал Ирину.

Она сидела у стола и, скрестив руки на спинке отодвинутого стула, склонив голову набок и улыбаясь, приветливо, почти радостно глядела на него.

Литвинов тотчас ее узнал, хотя она успела измениться с тех пор, как он видел ее в последний раз, десять лет тому назад, хотя она из девушки превратилась в женщину.

Ее тонкий стан развился и расцвел, очертания некогда сжатых плеч напоминали теперь богинь, выступающих на потолках старинных итальянских дворцов. Но глаза остались те же, и Литвинову показалось, что они глядели на него так же, как и тогда, в том небольшом московском домике.

- Ирина Павловна... - проговорил он нерешительно.

- Вы узнали меня? Как я рада! как я... (Она остановилась, слегка покраснела и выпрямилась.) Это очень приятная встреча, - продолжала

40

она уже по-французски. Позвольте познакомить вас с моим мужем. Valerien, мсье Литвинов, un ami d'enfance; Валериан Владимирович Ратмиров, мой муж.

Один из молодых генералов, едва ли не самый изящный изо всех, привстал со стула и чрезвычайно вежливо раскланялся с Литвиновым, между тем как остальные его товарищи чуть-чуть насупились или не столько насупились, сколько углубились на миг каждый в самого себя, как бы заранее протестуя против всякого сближения с посторонним штатским, а другие дамы, участвовавшие в пикнике, сочли за нужное и прищуриться немного, и усмехнуться, и даже изобразить недоумение на лицах.

- Вы... вы давно в Бадене? - спросил генерал Ратмиров, как-то не по-русски охорашиваясь и, очевидно, не зная, о чем беседовать с другом детства жены.

- Недавно, - отвечал Литвинов.

- И долго намерены остаться? - продолжал учтивый генерал.

- Я еще не решил.

- А! Это очень приятно... очень.

Генерал умолк. Литвинов тоже безмолвствовал. Оба держали шляпы в руках и, нагнув вперед туловище и осклабясь, глядели друг другу в брови.

- "Deux gendarmes un beau dimanche", - запел, разумеется, фальшиво, - не фальшиво поющий русский дворянин доселе нам не попадался, - подслеповатый и желтоватый генерал с выражением постоянного раздражения на лице, точно он сам себе не мог простить свою наружность. Среди всех своих товарищей он один не походил на розу.

- Да что же вы не сядете, Григорий Михайлыч, - промолвила наконец Ирина.

Литвинов повиновался, сел.

- I say, Valerien, give me some fire, - проговорил другой генерал, тоже молодой, но уже тучный, с неподвижными, словно в воздух уставленными глазами и густыми шелковистыми бакенбардами, в которые он медленно погружал свои белоснежные пальцы. Ратмиров подал ему серебряную коробочку со спичками.

- Avez-vous des papiros? - спросила, картавя, одна из дам.

- De vrais papelitos, comtesse.

- "Deux gendarmes un beau dimanche", - чуть не со скрипом зубов затянул опять подслеповатый генерал.

- Вы должны непременно посетить нас, - говорила между тем Литвинову Ирина. Мы живем в Hotel de L'Europe. От четырех до шести я всегда дома. Мы с вами так давно не видались.

Литвинов глянул на Ирину, она не опустила глаз.

41

- Да, Ирина Павловна, давно. С Москвы.

- С Москвы, с Москвы, - повторила она с расстановкой. Приходите, мы потолкуем, старину вспомянем. А знаете ли, Григорий Михайлыч, вы не много переменились.

- В самом деле? А вы вот переменились, Ирина Павловна.

- Я постарела.

- Нет. Я не то хотел сказать...

- Irene? - вопросительно промолвила одна из дам с желтою шляпкой на желтых волосах, предварительно нашептавшись и похихикавши с сидевшим возле нее кавалером. Irene?

- Я постарела, - продолжала Ирина, не отвечая даме, - но я не переменилась. Нет, нет, я ни в чем не переменилась.

- "Deux gendarmes un beau dimanche!" - раздалось опять. Раздражительный генерал помнил только первый стих известной песенки.

- Все еще покалывает, ваше сиятельство, - громко и на о проговорил тучный генерал с бакенбардами, вероятно намекая на какую-нибудь забавную, всему бомонду известную историю, и, засмеявшись коротким деревянным смехом, опять уставился в воздух. Все остальное общество также засмеялось.

- What a sad dog you are, Boris! - заметил вполголоса Ратмиров. Он самое имя "Борис" произнес на английский лад.

- Irene? - в третий раз спросила дама в желтой шляпке. Ирина быстро обернулась к ней.

- Eh bien, quoi? que me voules-vous?

- Je vous le dirai plus tard ", - жеманно отвечала дама. При весьма непривлекательной наружности она постоянно жеманилась и кривлялась; какой-то остряк сказал про нее, что она "minaudait dans le vide" - "кривлялась в пустом пространстве".

Ирина нахмурилась и нетерпеливо пожала плечом.

- Mais que fait donc monsieur Verdier? Pourquoi ne vient-il pas? - воскликнула одна дама с теми для французского слуха нестерпимыми протяжными ударениями, которые составляют особенность великороссийского выговора.

- Ах, вуй, ах, вуй, мсье Вердие, мсье Вердие, простонала другая, родом прямо уже из Арзамасэ.

- Tranquillisez-vous, mesdames, - вмешался Ратмиров, - monsieur Verdier m'a promis de venir se mettre a vos pieds.

- Хи, хи, хи! - Дамы заиграли веером.

Кельнер принес несколько стаканов пива.

- Байриш бир? - спросил генерал с бакенбардами. нарочно бася и притворяясь изумленным. Гутен морген.

- А что? Граф Павел все еще там? - холодно и вяло спросил один молодой генерал другого.

- Там, - также холодно отвечал тот. Mais c'est provisoire. Serge, говорят, на его место.

- Эге!- процедил первый сквозь зубы.

- Н-да, - процедил и второй.

- Я не могу понять, - заговорил генерал, напевавший песенку, - я не могу понять, что за охота была Полю оправдываться, приводить разные там причины... Ну, он поприжал купца, il lui a fait rendre gorge... ну, и что ж такое? У него могли быть свои соображения.

- Он боялся... обличения в журналах, - пробурчал кто-то.

Раздражительный генерал вспыхнул.

- Ну, уж это последнее дело! Журналы! Обличение! Если б это от меня зависело, я бы в этих в ваших журналах только и позволил печатать, что таксы на мясо или на хлеб да объявления о продаже шуб да сапогов.

- Да дворянских имений с аукциона, - ввернул Ратмиров.

- Пожалуй, при теперешних обстоятельствах... Однако что за разговор в Бадене, au Vieux Chateau!.

- Mais pas du tout pas du tout! - залепетала дама в желтой шляпе. J'adore les questions politiques.

- Madame a raison, - вмешался другой генерал, с чрезвычайно приятным и как бы девическим лицом. Зачем нам избегать этих вопросов... даже в Бадене? - Он при этих словах учтиво взглянул на Литвинова и снисходительно улыбнулся. Порядочный человек нигде и ни в каком случае не должен отступаться от своих убеждений. Не правда ли?

- Конечно, - отвечал раздражительный генерал, также взбрасывая глазами на Литвинова и как бы косвенно его распекая, - но я не вижу надобности...

- Нет, нет, - с прежнею мягкостью перебил снисходительный генерал. Вот наш приятель, Валериан Владимирович, упомянул о продаже дворянских имений. Что ж? Разве это не факт?

- Да их и продать теперь невозможно; никому они не нужны! - воскликнул раздражительный генерал.

- Может быть... может быть. Потому-то и надо заявлять этот факт... этот грустный факт на каждом шагу. Мы разорены - прекрасно; мы унижены - об этом спорить нельзя; но мы, крупные владельцы, мы все-таки представляем начало... un principe. Поддерживать этот принцип - наш долг. Pardon, madame,, вы, кажется, платок уронили. Когда некоторое, так сказать, омрачение овладевает даже высшими умами, мы должны указывать - с покорностью указывать (генерал протянул палец), -

43

указывать перстом гражданина на бездну, куда все стремится. Мы должны предостерегать; мы должны говорить с почтительною твердостию: "Воротитесь, воротитесь назад... " Вот что мы должны говорить.

- Нельзя же, однако, совсем воротиться, - задумчиво заметил Ратмиров.

Снисходительный генерал только осклабился.

- Совсем; совсем назад, mon tres cher. Чем дальше назад, тем лучше.

Генерал опять вежливо взглянул на Литвинова. Тот не вытерпел.

- Уж не до семибоярщины ли нам вернуться, ваше превосходительство?

- А хоть бы и так! Я выражаю свое мнение не обинуясь; надо переделать... да... переделать все сделанное.

- И девятнадцатое февраля?

- И девятнадцатое февраля - насколько это возможно. On est patriote ou on ne l'est pas. А воля? - скажут мне. Вы думаете, сладка народу эта воля? Спросите-ка его...

- Попытайтесь, - подхватил Литвинов, - попытайтесь отнять у него эту волю...

- Comment nommes-vous ce monsieur? - шепнул генерал Ратмирову.

- Да о чем вы тут толкуете? - заговорил вдруг тучный генерал, очевидно разыгрывавший в этом обществе роль избалованного ребенка. О журналах все? О щелкоперах? Позвольте, я вам расскажу, какой у меня был анекдот с щелкопером - чудо! Говорят мне: написал на вас un folliculaire пашквиль. Ну я, разумеется, тотчас его под цугундер. Привели голубчика... "Как же это ты так, говорю, друг мой, folliculeire, пашквили пишешь? Аль патриотизм одолел?" - "Одолел", говорит. "Ну, а деньги, говорю, folliculiire, любишь"? - "Люблю", говорит. Тут я ему, милостивые государи мои, дал набалдашник моей палки понюхать. "А это ты любишь, ангел мой?" - "Нет, говорит, этого не люблю". - "Да ты, я говорю, понюхай как следует, руки-то у меня чистые". - "Не люблю", говорит, и полно. "А я, говорю, душа моя, очень это люблю, только не для себя. Понимаешь ты сию аллегорию, сокровище ты мое?" - "Понимаю", говорит. "Так смотри же, вперед будь паинька, а теперь вот тебе целковый-рупь, ступай и благословляй меня денно и нощно". И ушел folliculairee.

Генерал засмеялся, и все опять за ним засмеялись - все, исключая Ирины, которая даже не улыбнулась и как-то сумрачно посмотрела на рассказчика.

Снисходительный генерал потрепал Бориса по плечу.

- Все это ты выдумал, друг ты мой сердечный... Станешь ты палкой кому-нибудь грозить... У тебя и палки-то нет. C'est pour faire rire ces dames. Для красного словца. Но дело не в том. Я сейчас сказал, что надобно совсем назад вернуться. Поймите меня. Я не враг так называемого прогресса; но все эти университеты да семинария там, да народные училища, эти студенты, поповичи, разночинцы, вся эта мелюзга, tout ce found du sac, la petite propriete, pire que le proletariat (генерал говорил изнеженным, почти расслабленным голосом), - voila ce qui m'effraie... вот где нужно остановиться... и остановить. (Он опять ласково взглянул на Литвинова.) Да-с, нужно остановиться. Не забудьте, ведь у нас никто ничего не требует, не просит. Самоуправление, например, - разве кто его просит? Вы его разве просите? Или ты? или ты? или вы, mesdames? Вы уж и так не только самими собою, всеми нами управляете. (Прекрасное лицо генерала оживилось забавною усмешкой.) Друзья мои любезные, зачем же зайцем-то забегать? Демократия вам рада, она кадит вам, она готова служить вашим целям... да ведь это меч обоюдоострый. Уж лучше по-старому, по-прежнему... верней гораздо. Не позволяйте умничать черни да вверьтесь аристократии, в которой одной и есть сила... Право, лучше будет. А прогресс... я, собственно, ничего не имею против прогресса. Не давайте нам только адвокатов, да присяжных, да земских каких-то чиновников, да дисциплины, - дисциплины пуще всего не трогайте, а мосты, и набережные, и гошпитали вы можете строить, и улиц газом отчего не освещать?

- Петербург со всех четырех концов зажгли, вот вам и прогресс! - прошипел раздражительный генерал.

- Да ты, я вижу, злобен, - промолвил, лениво покачиваясь, тучный генерал, - тебя бы хорошо в обер-прокуроры произвести, а по-моему, avec Orphee aux enfers le progres a dit son dernier mot.

- Vous dites toujours des betises, - захихикала дама из Арзамаса.

Генерал приосанился.

- Je ne suis jamais plus serieux, madame, que quand je dis des betises.

- Мсье Вердие эту самую фразу уже несколько раз сказал, - заметила вполголоса Ирина.

- De la poigne et des formes - воскликнул тучный генерал, - de la poigne surtout! А сие по-русски можно перевести тако: вежливо, но в зубы!

- Ах ты, шалун, шалун неисправимый! - подхватил снисходительный генерал. Мерзавец, не слушайте его, пожалуйста. Комара не зашибет. Он довольствуется тем, что сердца пожирает.

- Ну, однако, нет, Борис, - начал Ратмиров, обменявшись взглядом с женою, - шалость шалостью, а это преувеличение. Прогресс - это есть проявление жизни общественной, вот что не надо забывать; это симптом. Тут надо следить.

- Ну да, возразил тучный генерал и сморщил нос. Дело известное, ты в государственные люди метишь!

- Вовсе не в государственные люди... Какие тут государственные люди! А правду нельзя не признать.

"Boris" опять запустил пальцы в бакенбарды и уставился в воздух.

- Общественная жизнь, это очень важно, потому что в развитии народа, в судьбах, так сказать, отечества...

- Valerien, - перебил "Boris" внушительно, - il y a des dames ici. Я этого от тебя не ожидал. Или ты в комитет попасть желаешь?

- Да они все теперь, слава богу, уже закрыты, подхватил раздражительный генерал и снова запел: "Deux gendarmes un beau dimanche... "

Ратмиров поднес батистовый платок к носу и грациозно умолк; снисходительный генерал повторил: "Шалун! Шалун!" А "Boris" обратился к даме, кривлявшейся в пустом пространстве, и, не понижая голоса, не изменяя даже выражения лица, начал расспрашивать ее о том, когда же она "увенчает его пламя", так как он влюблен в нее изумительно и страдает необыкновенно.

С каждым мгновением, в течение этого разговора, Литвинову становилось все более и более неловко. Его гордость, его честная, плебейская гордость так и возмущалась. Что было общего между ним, сыном мелкого чиновника, и этими военными петербургскими аристократами? Он любил все, что они ненавидели, он ненавидел все то, что они любили; он слишком ясно это сознавал, он всем существом своим это чувствовал. Шутки их он находил плоскими, тон невыносимым, каждое движение ложным; в самой мягкости их речей ему слышалось возмутительное презрение - и однако же он как будто робел перед ними, перед этими людьми, этими врагами... "Фу, какая гадость! Я их стесняю, я им кажусь смешным, вертелось у него в голове, - зачем же я остаюсь? Уйдем, уйдем тотчас!" Присутствие Ирины не могло удержать его: невеселые ощущения возбуждала в нем и она. Он поднялся со стула и начал прощаться.

- Вы уже уходите? - промолвила Ирина, но, подумав немного, не стала настаивать и только взяла с него слово, что он непременно посетит ее.

Генерал Ратмиров с прежнею утонченною вежливостью раскланялся с ним, пожал ему руку, довел его до конца платформы... Но едва Литвинов успел завернуть за первый угол дороги, как дружный взрыв хохота раздался за ним. Хохот этот относился не к нему, а к давно ожиданному мсье Вердие, который внезапно появился на платформе, в тирольской шляпе, синей блузе и верхом на осле; но кровь так и хлынула Литвинову в щеки, и горько стало ему: словно полынь склеила его стиснутые губы. "Презренные, пошлые люди!" - пробормотал он, не соображая того, что несколько мгновений, проведенных в обществе этих людей, еще не давали ему повода так жестоко выражаться. И в этот-то мир попала Ирина, его бывшая Ирина! В нем она вращалась, жила, царствовала, для него она пожертвовала собственным достоинством, лучшими чувствами сердца...

Видно, так следовало; видно, она не заслуживала лучшей участи! Как он радовался тому, что ей не вздумалось расспрашивать его о его намерениях! Ему бы пришлось высказываться перед "ними", в "их" присутствии... "Ни за что! никогда!" - шептал Литвинов, глубоко вдыхая свежий воздух и чуть не бегом спускаясь по дороге в Баден. Он думал о своей невесте, о своей милой, доброй, святой Татьяне, и как чиста, благородна, как правдива казалась она ему! С каким неподдельным умилением припоминал он ее черты, ее слова, самые ее привычки... с каким нетерпением ожидал ее возвращения! Быстрая ходьба успокоила его нервы. Возвратясь домой, он уселся за стол, взял книгу в руки и внезапно ее выронил, даже вздрогнул... Что с ним случилось? Ничего не случилось с ним, но Ирина... Ирина... Удивительным, странным, необычайным вдруг показалось ему его свидание с нею. Возможно ли? он встретился, говорил с тою самой Ириной... И почему на ней не лежит того противного, светского отпечатка, которым так резко отмечены все те другие? Почему ему сдается, что она как будто скучает, или грустит, или тяготится своим положением? Она в их стане, но она не враг. И что могло ее заставить так радушно обратиться к нему, звать его к себе? Литвинов встрепенулся.

- О Таня, Таня! - воскликнул он с увлечением, - ты одна мой ангел, мой добрый гений, тебя я одну люблю и век любить буду. А к той я не пойду. Бог с ней совсем! Пусть она забавляется с своими генералами!

Литвинов снова взялся за книгу.

XI

Литвинов взялся за книгу, но ему не читалось. Он вышел из дому, прогулялся немного, послушал музыку, поглазел на игру и опять вернулся к себе в комнату, опять попытался читать - все без толку. Как-то особенно вяло влачилось время. Пришел Пищалкин, благонамеренный мировой посредник, и посидел часика три. Побеседовал, потолковал, ставил вопросы, рассуждал вперемежку - то о предметах возвышенных, то о предметах полезных и такую, наконец, распространил скуку, что бедный Литвинов чуть не взвыл. В искусстве наводить скуку, тоскливую, холодную, безвыходную и безнадежную скуку, Пищалкин не знал соперников даже между людьми высочайшей нравственности, известными мастерами по этой части. Один вид его остриженной и выглаженной головы, его светлых и безжизненных глаз, его доброкачественного носа возбуждал невольную унылость, а баритонный, медлительный, как бы заспанный его голос казался созданным для того, чтобы с убеждением и вразумительностью произносить изречения, состоявшие в том, что дважды два четыре, а не пять и не три, вода мокра, а добродетель похвальна; что частному лицу, равно как и государству, а государству, равно как и частному лицу, необходимо нужен кредит для денежных операций. И со всем тем человек он был превосходный! Но уж таков предел судеб на Руси: скучны у нас превосходные люди. Пищалкин удалился; его заменил Биндасов и немедленно, с великою наглостью, потребовал у Литвинова взаймы сто гульденов, которые тот ему и дал, несмотря на то, что не только не интересовался Биндасовым, но даже гнушался им и знал наверное, что денег своих не получит ввек; притом он сам в них нуждался. Зачем же он дал их ему? - спросит читатель. А черт знает зачем! На это русские тоже молодцы. Пусть читатель положит руку на сердце и вспомнит, какое множество поступков в его собственной жизни не имело решительно другой причины. А Биндасов даже не поблагодарил Литвинова: потребовал стакан аффенталера (баденского красного вина) и ушел, не обтерев губ и нахально стуча сапогами. И уж как же досадовал на себя Литвинов, глядя на красный загривок удалявшегося кулака! Перед вечером он получил письмо от Татьяны, в котором она его извещала, что, вследствие нездоровья ее тетки, раньше пяти, шести дней она в Баден приехать не может. Это известие неприятно подействовало на Литвинова: оно усилило его досаду, и он лег спать рано, в дурном настроении духа. Следующий день выдался не лучше предшествовавшего, чуть ли не хуже. С самого утра комната Литвинова наполнилась соотечественниками: Бамбаев, Ворошилов, Пищалкин, два офицера, два гейдельбергские студента, все привалили разом и так-таки не уходили вплоть до обеда, хотя скоро выболтались и, видимо, скучали. Они просто не знали, куда деться, и, попав на квартиру Литвинова, как говорится, "застряли" в ней. Сперва они потолковали о том, что Губарев уехал обратно в Гейдельберг и что надо будет к нему отправиться; потом немного пофилософствовали, коснулись польского вопроса; потом приступили к рассуждениям об игре, о лоретках, принялись рассказывать скандальные анекдотцы; наконец, разговор завязался о том, какие бывают силачи, какие толстые люди и какие обжоры. Выступили на свет божий старые анекдоты о Лунине, о дьяконе, съевшем на пари тридцать три селедки, об известном своею точностью уланском полковнике Изъединове, о солдате, ломающем говяжью кость о собственный лоб, а там пошло уже совершенное вранье. Сам Пищалкин рассказал, зевая, что знал в Малороссии бабу, в которой при смерти оказалось двадцать семь пудов с фунтами, и помещака, который за завтраком съедал трех гусей и осетра; Бамбаев вдруг пришел в экстаз и объявил, что он сам в состоянии съесть целого барана, "разумеется, с приправами", а Ворошилов брякнул что-то такое несообразное насчет товарища, силача-кадета, что все помолчали, помолчали, посмотрели друг на друга, взялись за шапки и разбрелись. Оставшись наедине, Литвинов хотел было заняться, но ему точно копоти в голову напустили; он ничего не мог сделать путного, и вечер тоже пропал даром. На следующее утро он собирался завтракать, кто-то постучался к нему в дверь. "Господи, - подумал Литвинов, - опять кто-нибудь из вчерашних приятелей", - и не без некоторого содрогания промолвил:

- Herein!

Дверь тихонько отворилась, и в комнату вошел Потугин.

Литвинов чрезвычайно ему обрадовался.

- Вот это мило! - заговорил он, крепко стискивая руку нежданному гостю, - вот спасибо! Я сам непременно навестил бы вас, да вы не хотели мне сказать, где вы живете. Садитесь, пожалуйста, положите шляпу. Садитесь же.

Потугин ничего не отвечал на ласковые речи Литвинова, стоял, переминаясь с ноги на ногу, посреди комнаты и только посмеивался да покачивал головой. Радушный привет Литвинова его, видимо, тронул, но в выражении его лица было нечто принужденное.

- Тут... маленькое недоразумение... - начал он не без запинки. Конечно, я всегда с удовольствием... но меня, собственно... меня к вам прислали.

- То есть вы хотите сказать, - промолвил жалобным голосом Литвинов, - что сами собой вы бы не пришли ко мне?

- О нет, помилуйте!.. Но я... я, может быть, не решился бы сегодня вас беспокоить, если бы меня не попросили зайти к вам. Словом, у меня есть к вам поручение.

- От кого, позвольте узнать?

- От одной вам известной особы, от Ирины Павловны Ратмировой. Вы третьего дня обещались навестить ее и не пришли.

Литвинов с изумлением уставился на Потугина.

- Вы знакомы с госпожою Ратмировой?

- Как видите.

- И коротко знакомы?

- Я до некоторой степени ей приятель.

Литвинов помолчал.

- Позвольте вас спросить, - начал он наконец, - вам известно, для чего Ирине Павловне угодно меня видеть? Потугин подошел к окну.

- До некоторой степени известно. Она, сколько я могу судить, очень обрадовалась встрече с вами, ну и желает возобновить прежние отношения.

- Возобновить, - повторил Литвинов. Извините мою нескромность, но позвольте мне еще спросить вас. Вам известно, какого рода были эти отношения?

- Собственно - нет, неизвестно. Но я полагаю, - прибавил Потугин, внезапно обратившись к Литвинову и дружелюбно глядя на него, - я полагаю, что они были хорошего свойства. Ирина Павловна очень вас хвалила, и я должен был дать ей слово, что приведу вас. Вы пойдете?

- Когда?

- Теперь... сейчас.

Литвинов только руками развел.

- Ирина Павловна, - продолжал Потугин, - полагает, что та... как бы выразиться... та среда, что ли, в которой вы ее застали третьего дня, не должна возбудить ваше особенное сочувствие; но она велела вам сказать, что черт не такой черный, каким его изображают.

- Гм... Это изречение применяется собственно к той... среде?

- Да... и вообще.

- Гм... Ну, а вы, Созонт Иваныч, какого мнения о черте?

- Я думаю, Григорий Михайлыч, что он, во всяком случае, не такой, каким его изображают.

- Он лучше?

- Лучше ли, хуже ли, это решить трудно, но ни такой. Ну что же, идем мы?

- Да вы посидите сперва немножко. Мне, признаться, все-таки кажется немного странным...

- Что, смею спросить?

- Каким образом вы, собственно вы, могли сделаться приятелем Ирины Павловны?

Потугин окинул самого себя взглядом.

- С моею фигурой, с положением моим в обществе оно, точно, неправдоподобно; но вы знаете - уже Шекспир сказал: "Есть многое на свете, друг Гонца, и так далее. Жизнь тоже шутить не любит. Вот вам сравнение: дерево стоит перед вами, и ветра нет; каким образом лист на нижней ветке прикоснется к листу на верхней ветке? Никоим образом. А поднялась буря, все перемешалось - и те два листа прикоснулись.

- Ага! Стало быть, бури были?

- Еще бы! Без них разве проживешь? Но в сторону философию. Пора идти.

Литвинов все еще колебался.

- О господи! - воскликнул с комической ужимкой Потугин, - какие

50

нынче стали молодые люди! Прелестнейшая дама приглашает их к себе, засылает за ними гонцов, нарочных, а они чинятся! Стыдитесь, милостивый горсударь, стыдитесь. Вот ваша шляпа. Возьмите ее, и "форвертс!" - как говорят наши друзья, пылкие немцы.

Литвинов постоял еще немного в раздумье, но кончил тем, что взял шляпу и вышел из комнаты вместе с Потугиным.

XII

Они пришли в одну из лучших гостиниц Бадена и спросили генеральшу Ратмирову. Швейцар сперва осведомился об их именах, потом тотчас отвечал, что "die Frau Furstin ist zu Hause", - и сам повел их по лестнице, сам постучал в дверь номера и доложил о них. "Die Frau Furstin" приняла их немедленно; она была одна: муж ее отправился в Кралсруэ для свидания с проезжавшим сановным тузом из "влиятельных".

Ирина сидела за небольшим столиком и вышивала по канве, когда Потугин с Литвиновым переступили порог двери. Она проворно бросила шитье в сторону, оттолкнула столик, встала; выражение неподдельного удовольствия распространилось по ее лицу. На ней было утреннее, доверху закрытое платье; прекрасные очертания плеч и рук сквозили через легкую ткань; небрежно закрученная коса распустилась и падала низко на тонкую шею. Ирина бросила Потугину быстрый взгляд, шепнула "mersi" и, протянув Литвинову руку, любезно упрекнула его в забывчивости. "А еще старый друг", - прибавила она. Литвинов начал было извиняться. "C'est bien, c'est bien", - поспешно промолвила она и, с ласковым насилием отняв у него шляпу, заставила его сесть. Потугин тоже сел, но тотчас же поднялся и, сказав, что у него есть безотлагательное дело и что он зайдет после обеда, стал раскланиваться. Ирина снова бросила ему быстрый взгляд и дружески кивнула ему головой, но не удерживала его и, как только он исчез за портьеркой, с нетерпеливою живостью обратилась к Литвинову.

- Григорий Михайлыч, - заговорила она по-русски своим мягким и звонким голосом, - вот мы одни наконец, и я могу сказать вам, что я очень рада нашей встрече, потому что она... она даст мне возможность... (Ирина посмотрела ему дрямо в лицо) попросить у вас прощения. Литвинов невольно вздрогнул. Такого быстрого натиска он не ожидал. Он не ожидал, что она сама наведет речь на прежние времена.

- В чем... прощения... - пробормотал он.

Ирина покраснела.

51

- В чем?.. вы знаете, в чем, - промолвила она и слегка отвернулась. Я была виновата перед вами, Григорий Михайлыч... хотя, конечно, такая уж мне выпала судьба (Литвинову вспомнилось ее письмо), и я не раскаиваюсь... это было бы, во всяком случае, слишком поздно; но, встретив вас так неожиданно, я сказала себе, что мы непременно должны сделаться друзьями, непременно... и мне было бы очень больно, если б это не удалось... и мне кажется, что для этого мы должны объясниться с вами, не откладывая и раз навсегда, чтоб уже потом не было никакой... gene, никакой неловкости, раз навсегда, Григорий Михайлыч; и что вы должны сказать мне, что вы меня прощаете, а то я буду предполагать в вас... de la rancune. Voila! Это с моей стороны, может быть, большая претензия, потому что вы, вероятно, давным-давно все забыли, но все равно, скажите мне, что вы меня простили.

Ирина произнесла всю эту речь не переводя духа, и Литвинов мог заметить, что в глазах ее заблистали слезы... да, действительные слезы.

- Помилуйте, Ирина Павловна, - поспешно начал он, - как вам не совестно извиняться, просить прощения... То дело прошедшее, в воду кануло, и мне остается только удивляться, как вы, среди блеска, который вас окружает, могли еще сохранить воспоминание о темном товарище первой вашей молодости...

- Вас это удивляет? - тихо проговорила Ирина.

- Меня это трогает, - подхватил Литвинов, - потому что я никак не мог вообразить...

- А вы все-таки мне не сказали, что вы меня простили, - перебила Ирина.

- Я искренно радуюсь вашему счастью, Ирина Павловна, я от всей души желаю вам всего лучшего на земле...

- И не помните зла?

- Я помню только те прекрасные мгновенья, которыми я некогда был вам обязан.

Ирина протянула ему обе руки. Литвинов крепко стиснул их и не разом их выпустил... Что-то давно небывалое тайно шевельнулось в его сердце от этого мягкого прикосновения. Ирина опять глядела ему прямо в лицо; но на этот раз она улыбалась... И он в первый раз прямо и пристально посмотрел на нее... Он опять узнал черты, когда-то столь дорогие, и те глубокие глаза с их необычайными ресницами, и родинку на щепе, и особый склад волос надо лбом, и привычку как-то мило и забавно кривить губы и чуть-чуть вздрагивать бровями, - все, все узнал он... Но как она похорошела! Какая прелесть, какая сила женского молодого тела! И ни румян, ни белил, ни сурьмы, ни пудры, никакой фальши на свежем, чистом лице... Да, это была, точно, красавица!

Раздумье нашло на Литвинова... Он все глядел на нее, но уже мысли его были далеко... Ирина это заметила.

- Ну вот и прекрасно, - громко заговорила она, - ну вот теперь совесть моя покойна, и я могу удовлетворить мое любопытство.

- Любопытство, - повторил Литвинов, как бы недоумевая.

- Да, да... Я непременно хочу знать, что вы делали все это время, какие ваши планы; я все хочу знать, как, что, когда... все, все. И вы должны говорить мне правду, потому что я предуведомляю вас, я не теряла вас из вида... насколько это было возможно.

- Вы меня не теряли из вида, вы... там... в Петергбурге?

- Среди блеска, который меня окружал, как вы сейчас выразились. Именно, да, не теряла. Об этом блеске мы еще поговорим с вами; а теперь вы должны рассказывать, много, долго рассказывать, никто вам не помешает. Ах, как это будет чудесно!- прибавила Ирина, весело усаживаясь и охорашиваясь в кресле. Ну же, начинайте.

- Прежде чем рассказывать, я должен благодарить вас, - начал Литвинов.

- За что?

- За букет цветов, который очутился у меня в комнате.

- Какой букет? Я ничего не знаю.

- Как?

- Говорят вам, я ничего не знаю... Но я жду... жду вашего рассказа... Ах, какой этот Потугин умница, -что привел вас!

Литвинов навострил уши.

- Вы с этим господином Потугиным давно знакомы? - спросил он.

- Давно... но рассказывайте.

- И близко его знаете?

- О да! - Ирина вздохнула. Тут есть особенные причины... Вы, конечно, слыхали про Элизу Сельскую... Вот та, что умерла в позапрошлом году такой ужасной смертью?.. Ах, да ведь я забыла, что вам неизвестны наши истории... К счастью, к счастью, неизвестны. Oh, quelle chance! Наконец-то, наконец один человек, живой человек, который нашего ничего не знает! И по-русски можно с ним говорить, хоть дурным языком, да русским, а не этим вечным приторным, противным, петербургским французским языком!

- И Потугин, говорите вы, находился в отношениях с...

- Мне очень тяжело даже вспоминать об этом, перебила Ирина. Элиза была моим лучшим другом в институте, и потом, в Петербурге au chateau мы беспрестанно видались. Она мне доверяла все свои тайны: она была очень несчастна, много страдала. Потугин в этой истории вел себя прекрасно, как настоящий рыцарь! Он пожертвовал собою. Я только тогда его оценила! Но мы опять отбились в сторону. Я жду вашего рассказа, Григорий Михайлович.

- Да мой рассказ нисколько не может интересовать вас, Ирина Павловна.

- Это уж не ваше дело.

- Вспомните, Ирина Павловна, мы десять лет не видались, целых десять лет. Сколько воды утекло с тех пор.

- Не одной воды! не одной воды! - повторила она с особым, горьким выражением, - потому-то я и хочу вас слушать.

- И притом я, право, не могу придумать, с чего же мне начать?

- С начала. С самого того времени, как вы... как я переехала в Петербург. Вы тогда оставили Москву... Знаете ли, я с тех пор уже никогда не возвращалась в Москву!

- В самом деле?

- Прежде было невозможно; а потом, когда я вышла замуж...

- А вы давно замужем?

- Четвертый год.

- Детей у вас нет?

- Нет, - сухо ответила она.

Литвинов помолчал.

- А до вашего замужества вы постоянно жили у этого, как бишь его, графа Рейзенбаха?

Ирина пристально посмотрела на него, как бы желая отдать себе отчет, зачем он это спрашивает...

- Нет... - промолвила она наконец.

- Стало быть, ваши родители... Кстати, я и не спросил у вас об них. Что они...

- Они оба здоровы.

- И по-прежнему живут в Москве?

- По-прежнему в Москве.

- А ваши братья, сестры?

- Им хорошо; я их всех пристроила.

- А! - Литвинов исподлобья взглянул на Ирину. По-настоящему, Ирина Павловна, не мне бы следовало рассказывать, а вам, если только...

Он вдруг спохватился и умолк.

Ирина поднесла руки к лицу и повертела обручальным кольцом на пальце.

- Что ж? Я не отказываюсь, - промолвила она наконец. Когда-нибудь... пожалуй... Но сперва вы... потому, вот видите, я хоть и следила за вами, но об вас почти ничего не знаю; а обо мне... ну обо мне вы, наверно, слышали довольно. Не правда ли? Ведь вы слышали, скажите?

- Вы, Ирина Павловна, занимали слишком видное место в свете, чтобы не возбуждать толков... особенно в провинции, где я находился и где всякому слуху верят.

- А вы верили этим слухам? И какого роду были они?

- Признаться сказать, Ирина Павловна, эти слухи доходили до меня очень редко. Я вел жизнь весьма уединенную.

- Как так? Ведь вы были в Крыму, в ополчении?

- Вам и это известно?

- Как видите. Говорят вам, за вами следили.

Литвинову снова пришлось изумиться.

- Зачем же я стану вам рассказывать, что вы и без меня знаете? - проговорил Литвинов вполголоса.

- А затем... затем, чтобы исполнить мою просьбу. Ведь я прошу вас, Григорий Михайлович.

Литвинов наклонил голову и начал... начал несколько сбивчиво, в общих чертах передавать Ирине свои незатейливые похождения. Он часто останавливался и вопросительно взглядывал на Ирину, дескать, не довольно ли? Но она настойчиво требовала продолжения рассказа и, откинув волосы за уши, облокотившись на ручку кресла, казалось, с усиленным вниманием ловила каждое слово. Глядя на нее со стороны и следя за выражением ее лица, иной бы, пожалуй, мог подумать, что она вовсе не слушала того, что Литвинов ей говорил, а только погружалась в созерцание... Но не Литвинова созерцала она, хотя он и смущался и краснел под ее упорным взглядом. Пред нею возникла целая жизнь, другая, не его, ее собственная жизнь.

Литвинов не кончил, а умолк под влиянием неприятного чувства постоянно возраставшей внутренней неловкости. Ирина на этот раз ничего не сказала ему, не попросила его продолжать и, прижав ладонь к глазам, точно усталая, медленно прислонилась к спинке кресла и осталась неподвижной. Литвинов подождал немного и, сообразив, что визит его продолжался уже более двух часов, протянул было руку к шляпе, как вдруг в соседней комнате раздался быстрый скрип тонких лаковых сапогов и, предшествуемый тем же отменным дворянски-гвардейским запахом, вошел Валериан Владимирович Ратмиров.

Литвинов встал со стула и обменялся поклоном с благовидным генералом. А Ирина отняла, не спеша, руку от лица и, холодно посмотрев на своего супруга, промолвила по-французски:

- А! вот вы уже вернулись! Но который же теперь час?

- Скоро четыре часа, ma chere amie, а ты еще не одета - нас княгиня ждать будет, - отвечал генерал и, изящно нагнув перетянутый стан в сторону Литвинова, с свойственною ему почти изнеженною игривостью в голосе прибавил:

- Видно, любезный гость заставил тебя забыть время.

Читатель позволит нам сообщить ему на этом месте несколько сведений о генерале Ратмирове. Отец его был естественный... Что вы думаете? Вы не ошибаетесь - но мы не то желали сказать... естественный сын знатного вельможи Александровских времен и хорошенькой актрисы-француженки. Вельможа вывел сына в люди, но состояния ему не оставил - и этот сын (отец нашего героя) тоже не успел обогатиться: он умер в чине полковника, в звании полицмейстера. За год до смерти он женился на красивой молодой вдове, которой пришлось прибегнуть под его покровительство. Сын его и вдовы, Валериан Владимирович, по протекции попав в Пажеский корпус, обратил на себя внимание начальства - не столько успехами в науках.. сколько фронтовой выправкой, хорошими манерами и благонравием (хотя подвергался всему, чему неизбежно подвергались все бывшие воспитанники казенных военных заведений), - и вышел в гвардию. Карьеру он сделал блестящую благодаря скромной веселости своего нрава, ловкости в танцах, мастерской езде верхом ординарцем на парадах - большей частью на чужих лошадях - и, наконец, какому-то особенному искусству фамильярно почтительного обращения с высшими, грустноласкового, почти сиротливого прислуживанья, не без примеси общего, легкого, как пух, либерализма... Этот либерализм не помешал ему, однако, перепороть пятьдесят человек крестьян в взбунтовавшемся белорусском селении, куда его послали для усмирения. Наружностью он обладал привлекательной и необычайно моложавой: гладкий, румяный, гибкий и липкий, он пользовался удивительными успехами у женщин: знатные старушки просто с ума от него сходили. Осторожный по привычке, молчаливый из расчета, генерал Ратмиров, подобно трудолюбивой пчеле, извлекающей сок из самых даже плохих цветков, постоянно обращался в высшем свете - и без нравственности, безо всяких сведений, но с репутацией дельца, с чутьем на людей и пониманьем обстоятельств, а главное, с неуклонно твердым желанием добра самому себе видел наконец перед собою все пути открытыми...

Литвинов принужденно усмехнулся, а Ирина только плечами пожала.

- Ну что, - промолвила она тем же холодным тоном, - видели вы графа?

- Как же, видел. Он приказал тебе кланяться.

- А! Он все глуп по-прежнему, этот ваш покровитель?

Генерал Ратмиров ничего не отвечал, а только слегка посмеялся в нос, как бы снисходя к опрометчивости женского суждения. Благосклонные взрослые люди таким точно смехом отвечают на вздорные выходки детей.

- Да, - прибавила Ирина, - глупость вашего графа слишком поразительна, а уж я, кажется, на что успела насмотреться.

- Вы сами меня к нему послали, - заметил сквозь зубы генерал и, обратившись к Литвинову, спросил его по-русски: - Пользуется ли он баденскими водами?

- Я, слава богу, здоров, - отвечал Литвинов.

- Это лучше всего, - продолжал генерал, любезно осклабясь, - да и вообще в Баден не затем ездят, чтобы лечиться; но здешние воды весьма действительны, je veux dire efficaces; и кто страдает, как я, например, нервическим кашлем.

Ирина быстро встала.

- Мы еще увидимся с вами, Григорий Михайлович, и, я надеюсь, скоро, проговорила она по-французски, презрительно перебивая мужнину речь, - а теперь я должна идти одеваться. Эта старая княгиня несносна с своими вечными parties de plaisir, где ничего нет, кроме скуки.

- Вы сегодня очень строги ко всем, - пробормотал ее супруг и проскользнул в другую комнату.

Литвинов направился к двери... Ирина его остановила.

- Вы мне все рассказали, - промолвила она, - а главное утаили.

- Что такое?

- Вы, говорят, женитесь?

Литвинов покраснел до ушей... Он действительно с намерением не упомянул о Тане; но ему стало страх досадно, во-первых, что Ирина знает о его свадьбе, а во-вторых, что она как будто уличила его в желании скрыть от нее эту самую свадьбу. Он решительно не знал, что сказать, а Ирина не спускала с него глаз.

- Да, я женюсь, - проговорил он наконец и тотчас удалился.

Ратмиров вернулся в комнату.

- Ну что же ты не одеваешься? - спросил он.

- Ступайте одни; у меня голова болит.

- Но княгиня...

Ирина обмерила мужа взглядом с ног до головы, повернулась к нему спиной и ушла в свой кабинет.

XIII

Литвинов был весьма недоволен собою, словно в рулетку проигрался или не сдержал данного слова. Внутренний голос говорил ему, что как жениху, как человеку уже степенному, не мальчику, ему не следовало поддаваться ни подстреканию любопытства, ни обольщениям воспоминаний. "Очень нужно было идти! - рассуждал он. С ее стороны кокетство одно, прихоть, каприз... Она скучает, ей все приелось, она ухватилась за меня... Иному лакомке вдруг захочется черного хлеба... Ну и прекрасно. Я-то зачем побежал? Разве я могу... не презирать ее? - Это последнее слово он произнес даже мысленно не без усилия. Конечно, тут опасности никакой нет и быть не может, - продолжал он свои рассуждения. Ведь я знаю, с кем дело имею. Но все-таки с огнем шутить не следует... Моей ноги у нее не будет". Литвинов самому себе не смел или не мог еще признаться, до какой степени Ирина ему казалась красивою и как сильно она возбуждала его чувство.

День опять прошел тупо и вяло. За обедом Литвинову довелось сидеть возле осанистого бель-ома с нафабренными усами, который все молчал и только пыхтел да глаза таращил... но, внезапно икнув, оказался соотечественником, ибо тут же с сердцем промолвил по-русски: "А я говорил, что не надо было есть дыни!" Вечером тоже не произошло ничего утешительного: Биндасов в глазах Литвинова выиграл сумму вчетверо больше той, которую у него занял, но ни только не возвратил ему своего долга, а даже с угрозой посмотрел ему в лицо, как бы собираясь наказать его еще чувствительнее именно за то, что он был свидетелем выигрыша. На следующее утро снова нахлынула ватага соотечественников; Литвинов едва-едва от них отделался и, отправившись в горы, сперва наткнулся на Ирину, - он притворился, что не узнал ее, и быстро прошел мимо, - потом на Потугина. С Потугиным он заговорил было, но тот неохотно отвечал ему. Он вел за руку нарядно одетую девочку с пушистыми, почти белыми локонами, большими темными глазами на бледном, болезненном личике и с тем особенным, повелительным и нетерпеливым выражением, которое свойственно избалованным детям. Литвинов провел часа два в горах и возвращался домой по Лихтенталевской аллее... Сидевшая на скамейке дама с синим вуалем на лице проворно встала и подошла к нему... Он узнал Ирину.

- Зачем вы избегаете меня, Григорий Михайлович, - проговорила она нетвердым голосом, какой бывает у человека, у которого накипело на сердце.

Литвинов смутился.

- Я вас избегаю, Ирина Павловна?

- Да, вы... вы...

Ирина казалась взволнованною, почти рассерженною.

- Вы ошибаетесь, уверяю вас.

- Нет, не ошибаюсь. Разве я сегодня утром - вот, когда мы с вами встретились, - разве я не видела, что вы меня узнали? Скажите, разве вы не узнали меня? Скажите?

- Я, право... Ирина Павловна...

- Григорий Михайлович, вы человек прямой, вы всегда говорили правду: скажите, скажите мне, ведь вы узнали меня? вы с намерением отвернулись?

Литвинов взглянул на Ирину. Глаза ее блестели странным блеском, а щеки и губы мертвенно белели сквозь частую сетку вуаля. В выражении ее лица, в самом звуке ее порывистого шепота было что то до того неотразимо скорбное, молящее... Литвинов не мог притворяться долее.

- Да... я узнал вас. промолвил он не без усилия.

Ирина тихонько вздрогнула и тихонько опустила руки.

- Отчего же вы не подошли ко мне? - прошептала она.

- Отчего... отчего! - Литвинов сошел в сторону с дорожки, Ирина молча последовала за ним. Отчего? - повторил он еще раз, и лицо его внезапно вспыхнуло, и чувство, похожее на злобу, стиснуло ему грудь и горло. Вы... вы это спрашиваете, после всего, что произошло между нами? Не теперь, конечно, не теперь, а там... там... в Москве.

- Но ведь мы с вами решили, ведь вы обещали... - начала было Ирина.

- Я ничего не обещал! Извините резкость моих выражений, но вы требуете правды - так посудите сами: чему, как не кокетству - признаюсь, для меня непонятному, - чему, как не желанию испытать, насколько вы еще властны надо мною, могу я приписать вашу... я не знаю, как назвать... вашу настойчивость? Наши дороги так далеко разошлись! Я все забыл, все это переболело давно, я совсем другой человек стал; вы замужем, счастливы, по крайней мере, по наружности, пользуетесь завидным положением в свете; к чему же, зачем это сближение? Что я вам, что вы мне? Мы теперь и понять друг друга не можем, между нами теперь нет уже решительно ничего общего ни в прошедшем, ни в настоящем! Особенно... особенно в прошедшем!

Литвинов произнес всю эту речь торопливо, отрывисто, не поворачивая головы. Ирина не шевелилась и только по временам чуть-чуть протягивала к нему руки. Казалось, она умоляла его остановиться и выслушать ее, а при последних его словах слегка прикусила нижнюю губу, - как бы подавляя ощущение острого и быстрого уязвления.

- Григорий Михайлович, - начала она, наконец, голосом уже более спокойным и отошла еще дальше от дорожки, по которой изредка проходили люди... Литвинов в свою очередь последовал за ней.

- Григорий Михайлович, поверьте мне: если б я могла вообразить, что у меня осталось на волос власти над вами, я бы первая избегала вас. Если я этого не сделала, если я решилась, несмотря на... на мою прошедшую вину, возобновить знакомство с вами, то это потому... потому...

- Почему? - почти грубо спросил Литвинов.

- Потому, - подхватила с внезапною силой Ирина, - что мне стало уже

59

слишком невыносимо, нестерпимо, душно в этом свете, в этом завидном положении, о котором вы говорите; потому что, встретив вас, живого человека, после всех этих мертвых кукол - вы могли видеть образчики их четвертого дня, там, au Vieux Chateau, - я обрадовалась как источнику в пустыне, а вы называете меня кокеткой, и подозреваете меня, и отталкиваете меня под тем предлогом, что я действительно была виновата перед вами, а еще больше перед самой собою!

- Вы сами выбрали свой жребий, Ирина Павловна, угрюмо промолвил Литвинов, по-прежнему не оборачивая голову.

- Сама, сама... я и не жалуюсь, я не имею права жаловаться, - поспешно проговорила Ирина, которой, казалось, самая суровость Литвинова доставляла тайную отраду, - я знаю, что вы должны осуждать меня, я и не оправдываюсь, и только хочу объяснить вам мое чувство, я хочу убедить вас, что мне не до кокетства теперь... Мне кокетничать с вами! Да в этом смыслу нет... Когда я вас увидала, все мое хорошее, молодое во мне пробудилось... то время, когда я еще не выбрала своего жребия, все, что лежит там, в той светлой полосе, за этими десятью годами...

- Да позвольте же, наконец, Ирина Павловна! Сколько мне известно, светлая полоса в вашей жизни началась именно с той поры, как мы расстались...

Ирина поднесла платок к губам.

- Это очень жестоко, что вы говорите, Григорий Михайлыч; но я сердиться на вас не могу. О нет, не светлое то было время, не на счастье покинула я Москву, ни одного мгновенья, ни одной минуты счастья я не знала... поверьте мне, что бы ни рассказывали вам. Если б я была счастлива, могла ли бы я говорить с вами так, как я теперь говорю... Я повторяю вам, вы не знаете, что это за люди... Ведь они ничего не понимают, ничему не сочувствуют, даже ума у них нет, ni esprit, ni intelligence, а одно только лукавство да сноровка; ведь, в сущности, и музыка, и поэзия, и искусство им одинаково чужды... Вы скажете, что я ко всему этому была сама довольно равнодушна; но не в такой степени, Григорий Михайлыч... не в такой степени! Не светская женщина теперь перед вами, вам стоит только взглянуть на меня, не львица... так, кажется, нас величают... а бедное, бедное существо, которое, право, достойно сожаления. Не удивляйтесь моим словам... мне не до гордости теперь! Я протягиваю к вам руку как нищая, поймите же это, наконец, как нищая... Я милостыни прошу, - прибавила она вдруг с невольным, неудержимым порывом, - я прошу милостыни, а вы...

Голос изменил ей. Литвинов поднял голову и посмотрел на Ирину; она дышала быстро, губы ее дрожали. Сердце в нем вдруг забилось, и чувство злобы исчезло.

- Вы говорите, что наши дороги разошлись, продолжала Ирина, - я знаю, вы женитесь по склонности, у вас уже составлен план на всю вашу жизнь, да, это все так, но мы нестали друг другу чужды, Григорий Михайлыч, мы можем еще понять друг друга. Или вы полагаете, что я совсем отупела, что я совсем погрязла в этом болоте? Ах нет, не думайте этого, пожалуйста! Дайте мне душу отвести, прошу вас, ну хоть во имя тех прежних дней, если вы не хотите забыть их. Сделайте так, чтобы наша встреча не пропала даром, это было бы очень горько, она и без того недолго продолжится... Я не умею говорить как следует, но вы поймете меня, потому что я требую малого, очень малого... только немножко участия, только чтобы не отталкивали меня, душу дали бы отвести...

Ирина умолкла, в голосе ее звенели слезы. Она вздохнула и робко, каким-то боковым, ищущим взором посмотрела на Литвинова, протянула ему руку...

Литвинов медленно взял эту руку и слабо пожал ее.

- Будемте друзьями, - шепнула Ирина.

- Друзьями, - задумчиво повторил Литвинов.

- Да, друзьями... а если это слишком большое требование, то будемте, по крайней мере, хорошими знакомыми... Будемте запросто, как будто никогда ничего не случалось..

- Как будто ничего не случалось... - повторил опять Литвинов. Вы сейчас сказали мне, Ирина Павловна, что я не хочу зарыть прежних дней... Ну, а если я не могу забыть их?

Блаженная улыбка мелькнула на лице Ирины и тотчас же исчезла, сменившись заботливым, почти испуганным выражением.

- Будьте, как я, Григорий Михайлыч, помните только хорошее; а главное, дайте мне теперь слово... честное слово...

- Какое?

- Не избегать меня... не огорчать меня понапрасну... Вы обещаетесь? скажите!

- Да.

- И всякие дурные мысли из головы выкинете?

- Да... но понять вас я все-таки отказываюсь.

- Это и не нужно... а впрочем, погодите, вы меня поймете. Но вы обещаетесь?

- Я уже сказал: да.

- Ну спасибо. Смотрите же, я привыкла вам верить. Я буду ждать вас сегодня, завтра, я из дому не буду выходить. А теперь я должна вас оставить. Герцогиня идет по аллее... Она увидала меня, и я не могу не подойти к ней... До свиданья... Дайте же мне вашу руку, vite, vite. До свидания.

И, крепко стиснувши руку Литвинова, Ирина направилась к особе средних лет и басовитой наружности, тяжело выступавшей по песчаной дорожке в сопровождении двух других дам и ливрейного, чрезвычайно благообразного лакея.

- Eh bonjour, chère madame, - проговорила особа, между тем как Ирина почтительно приседала перед нею. Comment alles-vous aujourd'hui? Venez un peu avec moi.

- Vorte Altesse a trop de bonte, - послышался вкрадчивый голос Ирины.

XIV

Литвинов дал удалиться герцогине со всей ее свитой и тоже вышел на аллею. Он не мог отдать себе ясного отчета в том, что он ощущал: и стыдно ему было, и даже страшно, и самолюбие его было польщено... Нежданное объяснение с Ириной застигло его врасплох; ее горячие, быстрые слова пронеслись над ним, как грозовой ливень. "Чудаки эти светские женщины, - думал он, - никакой в них нет последовательности... И как извращает их среда, где они живут и безобразие которой они сами чувствуют!.. " Собственно, он совсем не то думал, а только машинально повторял эти избитые фразы, как бы желая тем самым отделаться от других, более жутких дум. Он понимал, что серьезно размышлять ему теперь не следовало, что ему, вероятно, пришлось бы обвинить себя, и он шел замедленными шагами, чуть не усиленно обращая внимание на все, что попадалось ему навстречу... Он вдруг очутился перед скамейкой, увидал возле нее чьи-то ноги, повел вверх по ним глазами... Ноги эти принадлежали человеку, сидевшему на скамейке и читавшему газету; человек этот оказался Потугиным. Литвинов издал легкое восклицание. Потугин положил газету на колени и внимательно, без улыбки посмотрел на Литвинова, и Литвинов посмотрел на Потугина тоже внимательно и тоже без улыбки.

- Можно сесть возле вас? - спросил он наконец.

- Садитесь, сделайте одолжение. Только предуведомляю вас: если вы хотите со мной разговор вести, не прогневайтесь - я нахожусь теперь в самом мизантропическом настроении и все предметы представляются мне в преувеличенно скверном виде.

- Это ничего, Созонт Иваныч, - промолвил Литвинов, опускаясь на скамью, - это даже очень кстати... Но отчего на вас нашел такой стих?

- По-настоящему, мне бы не следовало злиться, - начал Потугин. - Я вот сейчас вычитал в газете проект о судебных преобразованиях в России и с истинным удовольствием вижу, что и у нас хватились, наконец, ума-разума и не намерены более, под предлогом самостоятельности там, народности или оригинальности, к чистой и ясной европейской логике прицеплять доморощенный хвостик, а, напротив, берут хорошее чужое целиком. Довольно одной уступки в крестьянском деле... Подите-ка развяжитесь с общим владением!.. Точно, точно, мне не следовало бы злиться; да, на мою беду, наскочил я на русский самородок, побеседовал с ним, а эти самородки да самоучки меня в самой могиле тревожить будут! - Какой самородок? - спросил Литвинов. - Да тут такой господин бегает, гениальным музыкантом себя воображает. "Я, говорит, конечно, ничего, я нуль, потому что я не учился, но у меня не в пример больше мелодий и больше идей, чем у Мейербера". Во-первых, я скажу: зачем же ты не учился? а во-вторых, не то что у Мейербера, а у последнего немецкого флейтщика, скромно высвистывающего свою партию в последнем немецком оркестре, в двадцать раз больше идей, чем у всех наших самородков; только флейтщик хранит про себя эти идеи и не суется с ними вперед в отечестве Моцартов и Гайднов; а наш брат самородок "трень-брень" вальсик или романсик, и смотришь - уже руки в панталоны и рот презрительно скривлен: я, мол, гений. И в живописи то же самое, и везде. Уж эти мне самородки! Да кто же не знает, что щеголяют ими только там, где нет ни настоящей, в кровь и плоть перешедшей науки, ни настоящего искусства? Неужели же не пора сдать в архив это щеголянье, этот пошлый хлам вместе с известными фразами о том, что у нас, на Руси, никто с голоду не умирает, и езда по дорогам самая скорая, и что мы шапками всех закидать можем? Лезут мне в глаза с даровитостью русской натуры, с гениальным инстинктом, с Кулибиным... Да какая это даровитость, помилуйте, господа? Это лепетанье спросонья, а не то полузвериная сметка. Инстинкт! Нашли чем хвастаться! Возьмите муравья в лесу и отнесите его на версту от его кочки: он найдет дорогу к себе домой; человек ничего подобного сделать не может; что ж? разве он ниже муравья? Инстинкт, будь он распрегениальный, не достоин человека: рассудок, простой, здравый, дюжинный рассудок - вот наше прямое достояние, наша гордость; рассудок никаких таких штук не выкидывает; оттого-то все на нем и держится. А что до Кулибина, который, не зная механики, смастерил какие-то пребезобразные часы, так я бы эти самые часы на позорный столб выставить приказал; вот, мол, смотрите, люди добрые, как не надо делать. Кулибин сам тут не виноват, да дело его дрянь. Хвалить Телушкина, что на адмиралтейский шпиль лазил, за смелость и ловкость - можно; отчего не похвалить? Но не следует кричать, что, дескать, какой он нос наклеил немцам-архитекторам! и на что они? только деньги берут... Никакого он им носа не наклеивал: пришлось же потом леса вокруг шпиля поставить до починить его обыкновенным порядком. Не поощряйте, ради бога, у нас на Руси мысли, что можно чего-нибудь добиться без учения! Нет; будь ты хоть семи пядей во лбу, а учись, учись с азбуки! Не то молчи да сиди, поджавши хвост! Фу! даже жарко стало!

Потугин снял шляпу и помахал на себя платком.

- Русское художество, - заговорил он снова, - русское искусство!.. Русское пруженье я знаю и русское бессилие знаю тоже, а с русским художеством, виноват, не встречался. Двадцать лет сряду поклонялись этакой пухлой ничтожности, Брюллову, и вообразили, что и у нас, мол, завелась школа, и что она даже почище будет всех других... Русское художество, ха-ха-ха! хо-хо!

- Но, однако, позвольте, Созонт Иваныч, - заметил Литвинов. Глинку вы, стало быть, тоже на признаете?

Потугин почесал у себя за ухом.

- Исключения, вы знаете, только подтверждают правило, но и в этом случае мы не могли обойтись без хвастовства! Сказать бы, например, что Глинка был действительно замечательный музыкант, которому обстоятельства, внешние и внутренние, помешали сделаться основателем русской оперы, - никто бы спорить не стал; но нет, как можно! Сейчас надо его произвести в генерал-аншефы, в обер-гофмаршалы по части музыки да другие народы кстати оборвать: ничего, мол, подобного у них нету, и тут же указывают вам на какого-нибудь "мощного" доморощенного гения, произведения которого не что иное, как жалкое подражание второстепенным чужестранным деятелям - именно второстепенным: этим легче подражать. Ничего подобного? О, убогие дурачки-варвары, для которых не существует преемственности искусства, и художники нечто вроде Раппо: чужак, мол, шесть пудов одной рукой поднимает, а наш - целых двенадцать! Ничего подобного??! А у меня, осмелюсь доложить вам, из головы следующее воспоминание не выходит. Посетил я нынешнею весной Хрустальный дворец возле Лондона; в этом дворце помещается, как вам известно, нечто вроде выставки всего, до чего достигла людская изобретательность - энциклопедия человечества, так сказать надо. Ну-с, расхаживал я, расхаживал мимо всех этих машин и орудий и статуй великих людей; и подумал я в те поры: если бы такой вышел приказ, что вместе с исчезновением какого-либо народа с лица земли немедленно должно было бы исчезнуть из Хрустального дворца все то, что тот народ выдумал, - наша матушка, Русь православная, провалиться бы могла в тартарары, и ни одного гвоздика, ни одной булавочки не потревожила бы, родная: все бы преспокойно осталось на своем месте, потому что даже самовар, и лапти, и дуга, и кнут - эти наши знаменитые продукты - не нами выдуманы. Подобного опыта даже с Сандвичевскими островами произвести невозможно; тамошние жители какие-то лодки да копья изобрели: посетители заметили бы их отсутствие. Это клевета! это слишком резко - скажете вы, пожалуй... А я скажу: во-первых, что я не умею порицать, воркуя; а во-вторых, что, видно, не одному черту, а и самому себе прямо в глаза посмотреть никто не решается, и не одни дети у нас любят, чтоб их баюкали. Старые наши выдумки к нам приползли с Востока, новые мы с грехом пополам с Запада перетащили, а мы все продолжаем толковать о русском самостоятельном искусстве! Иные молодцы даже русскую науку открыли: у нас, мол, дважды два тоже четыре, да выходит оно как-то бойчее.

- Но постойте, Созонт Иваныч, - воскликнул Литвинов. Постойте! Ведь посылаем же мы что-нибудь на всемирные выставки, и Европа чем-нибудь да запасается у нас.

- Да, сырьем, сырыми продуктами. И заметьте, милостивый государь: это наше сырье большею частию только потому хорошо, что обусловлено другими прескверными обстоятельствами: щетина наша, например, велика и жестка оттого, что свиньи плохи; кожа плотна и толста оттого, что коровы худы; сало жирно оттого, что вываривается пополам с говядиной... Впрочем, что же я с вами об этом распространяюсь: вы ведь занимаетесь технологией, лучше меня все это знать должны. Говорят мне: изобретательность! Российская изобретательность! Вот наши господа помещики и жалуются горько и терпят убытки, оттого что не существует удовлетворительной зерносушилки, которая избавила бы их от необходимости сажать хлебные снопы в овины, как во времена Рюрика: овины эти страшно убыточны, не хуже лаптей или рогож, и горят они беспрестанно. Помещики жалуются, а зерносушилок все нет как нет. А почему их нет? Потому что немцу они не нужны; он хлеб сырым молотит, стало быть, и не хлопочет об их изобретении, а мы... не в состоянии! Не в состоянии - и баста! Хоть ты что! С нынешнего дня обещаюсь, как только подвернется мне самородок или самоучка, - стой, скажу я ему, почтенный! а где зерносушилка? подавай ее! Да куда им! Вот поднять старый, стоптанный башмак, давным-давно свалившийся с ноги Вен-Симона или Фурие, и, почтительно возложив его на голову, носиться с ним, как со святыней, - это мы в состоянии; или статейку настрочить об историческом и современном значении пролетариата в главных городах Франции - это тоже мы можем; а попробовал я как-то предложить одному такому сочинителю и политико-эконому, вроде вашего господина Ворошилова, назвать мне двадцать городов в этой самой Франции, так знаете ли, что из этого вышло? Вышло то, что политико-эконом, с отчаяния, в числе французских городов назвал наконец Монфермель,

65

вспомнив, вероятно, польдекоковский роман. И пришел мне тут на память следующий анекдот. Пробирался я однажды с ружьем и собакой по лесу...

- А вы охотник? - спросил Литвинов.

- Постреливаю помаленьку. Пробирался я в болото за бекасами; натолковали мне про это болото другие охотники. Гляжу, сидит на поляне перед избушкой купеческий приказчик, свежий и ядреный, как лущеный орех, сидит, ухмыляется, чему - неизвестно. И спросил я его: "Где, мол, тут болото, и водятся ли в нем бекасы?" - "Пожалуйте, пожалуйте, - запел он немедленно и с таким выражением, словно я его рублем подарил, - с нашим удовольствием-с, болото первый сорт; а что касательно до всякой дикой птицы - и боже ты мой!

- в отличном изобилии имеется". Я отправился, но не только никакой дикой птицы не нашел, самое болото давно высохло. Ну скажите мне на милость, зачем врет русский человек? Политико-эконом зачем врет, и тоже о дикой птице?

Литвинов ничего не отвечал и только вздохнул сочувственно.

- А заведите речь с тем же политико-экономом, продолжал Потугин, - о самых трудных задачах общественной науки, но только вообще, без фактов... фррррр! так птицей и взовьется, орлом. Мне раз, однако, удалось поймать такую птицу: приманку я употребил, как вы изволите увидеть, хорошую, видную. Толковали мы с одним из наших нынешних "вьюношей" о различных, как они выражаются, вопросах. Ну-с, гневался он очень, как водится; брак, между прочим, отрицал с истинно детским ожесточением. Представлял я ему такие резоны, сякие... как об стену! Вижу: подъехать ни с какой стороны невозможно. И блесни мне тут счастливая мысль! "Позвольте доложить вам, - начал я, - с "вьюношами" надо всегда говорить почтительно, - я вам, милостивый государь, удивляюсь; вы занимаетесь естественными науками - и до сих пор не обратили внимания на тот факт, что все плотоядные и хищные животные, звери, птицы, все те, кому нужно отправляться на добычу, трудиться над доставлением живой пищи и себе, и своим детям... а вы ведь человека причисляете к разряду подобных животных?" - "Конечно, причисляю, - подхватил "вьюноша", - человек вообще не что иное, как животное плотоядное". - "И хищное", - прибавил я. "И хищное", - подтвердил он. "Прекрасно сказано, - подтвердил я. Так вот я и удивляюсь тому, как вы не заметили, что все подобные животные пребывают в единобрачии?" "Вьюноша" дрогнул. "Как так?" - "Да так же. Вспомните льва, волка, лисицу, ястреба, коршуна; да и как же им поступать иначе, соблаговолите сообразить? И вдвоем-то детей едва выкормишь". Задумался мой "вьюноша". "Ну, говорит, в этом случае зверь человеку не указ". Тут я обозвал его идеалистом, и уж огорчился же он! Чуть не заплакал. Я должен был его успокоить и обещать ему, что не выдам его товарищам. Заслужить название идеалиста - легко ли! В том-то и штука, что нынешняя молодежь ошиблась в расчете. Она вообразила, что время прежней, темной, подземной работы прошло, что хорошо было старичкам-отцам рыться наподобие кротов, а для нас-де эта роль унизительна, мы на открытом воздухе действовать будем, мы будем действовать... Голубчики! и ваши детки еще действовать не будут, а вам не угодно ли в норку, в норку опять по следам старичков?

Наступило небольшое молчание.

- Я, сударь мой, такого мнения, - начал опять Потугин, - что мы не одним только знанием, искусством, правом обязаны цивилизации, но что самое даже чувство красоты и поэзии развивается и входит в силу под влиянием той же цивилизации и что так называемое народное, наивное, бессознательное творчество есть нелепость и чепуха. В самом Гомере уже заметны следы цивилизации утонченной и богатой; самая любовь облагораживается ею. Славянофилы охотно повесили бы меня за подобную ересь, если б они не были такими сердобольными существами; но я все-таки настаиваю на своем - и сколько бы меня ни потчевали госпожой Кохановской и "Роем на спокое", я этого triple extrait de mougik russe нюхать не стану, времени до времени необходимо нужно уверить себя, что оно не совсем офранцузилось, и для которого, собственно, и сочиняется эта литература en cuir de Russie. Попытайтесь прочесть простолюдину - настоящему - самые хлесткие, самые "народные" места из "Роя": он подумает, что вы ему сообщаете новый заговор от лихоманки или запоя. Повторяю, без цивилизации нет и поэзии. Хотите ли уяснить себе поэтический идеал нецивилизованного русского человека? Разверните наши былины, наши легенды. Не говорю уже о том, что любовь в них постоянно является как следствие колдовства, приворота, производится питием "забыдущим" и называется даже присухой, зазнобой; не говорю также о том, что наша так называемая эпическая литература одна, между всеми другими, европейскими и азиятскими, одна, заметьте, не представила - коли Ваньку Таньку не считать - никакой типической пары любящихся существ; что святорусский богатырь свое знакомство с суженой-ряженой всегда начинает с того, что бьет ее по белому телу "нежалухою", отчего "и женский пол пухол живет", - обо всем этом я говорить не стану; но позволю себе обратить ваше внимание на изящный образ юноши, жень-премье, каким он рисовался воображению первобытного, нецивилизованного славянина. Вот, извольте посмотреть: идет жень-премье; шубоньку сшил он себе кунью, по всем швам строченную, поясок семишелковый под самые мышки подведен, персты закрыты рукавчиками, ворот в шубе сделан выше головы, спереди-то не видать лица румяного, сзади-то не видать шеи беленькой, шапочка сидит на одном ухе, а на ногах сапоги сафьянные, носы шилом, пяты востры - вокруг носика-то носа яйцо кати; под пяту-пяту воробей лети-перепурхивай. И идет молодец частой, мелкой походочкой, той знаменитой "щепливой" походкой, которою наш Алкивиад, Чурило Пленкович, производил такое изумительное, почти медицинское действие в старых бабах и молодых девках, той самой походкой, которою до нынешнего дня так неподражаемо семенят наши по всем суставчикам развинченные половые, эти сливки, этот цвет русского щегольства, это nec ultra русского вкуса. Я это не шутя говорю: мешковатое ухарство - вот наш художественный идеал. Что, хорош образ? Много в нем материалов для живописи, для ваяния? А красавица, которая пленяет юношу и у которой "кровь в лице быдто у заицы?.. " Но вы, кажется, не слушаете меня?

Литвинов встрепенулся. Он действительно не слышал, что говорил ему Потугин: он думал, неотступно думал об Ирине, о последнем свидании с нею...

- Извините меня, Созонт Иваныч, - начал он, - но я опять к вам с прежним вопросом насчет... насчет госпожи Ратмировой.

Потугин сложил газету и засунул ее в карман.

- Вам опять хочется узнать, как я с ней познакомился?

- Нет, не то; я бы желал услыхать ваше мнение... о той роли, которую она играла в Петербурге. В сущности, какая это была роль?

- А я, право, не знаю, что сказать вам, Григорий Михайлыч. Я сошелся с госпожою Ратмировой довольно близко... но совершенно случайно и ненадолго. Я в ее мир не заглядывал, и что там происходило - осталось для меня неизвестным. Болтали при мне кое-что, да вы знаете, сплетня царит у нас не в одних демократических кружках. Впрочем, я и не любопытствовал. Однако я вижу, - прибавил он, помолчав немного, - она вас занимает.

- Да; мы побеседовали раза два довольно откровенно. Я все-таки себя спрашиваю: искренна ли она?

Потугин потупился.

- Когда увлекается - искренна, как все страстные женщины. Гордость также иногда мешает ей лгать.

- А она горда? Я скорей полагаю - капризна.

- Горда как бес; да это ничего.

- Мне кажется, она иногда преувеличивает...

- И это ничего; все-таки она искренна. Ну, а вообще говоря, у кого захотели вы правды? Лучшие из этих барынь испорчены до мозга костей.

- Но, Созонт Иваныч, вспомните, не сами ли вы назвали себя ее приятелем? Не сами ли вы почти насильно повели меня к ней?

- Что ж такое? Она просила меня вас доставить; я и подумал: отчего же нет? А я действительно ее приятель. Она не без хороших качеств: очень добра, то есть щедра, то есть дает другим, что ей не совсем нужно. Впрочем, ведь вы сами должны знать ее не хуже меня.

- Я знавал Ирину Павловну десять лет тому назад; а с тех пор...

- Эх, Григорий Михайлыч, что вы говорите! Характер людской разве меняется? Каким в колыбельку, таким и в могилку. Или, может быть... - Тут Потугин нагнулся еще ниже, - может быть, вы ей в руки попасть боитесь? Оно точно... Да ведь чьих-нибудь рук не миновать.

Литвинов насильственно засмеялся.

- Вы полагаете?

- Не миновать. Человек слаб, женщина сильна, случай всесилен, примириться с бесцветною жизнью трудно, вполне себя позабыть невозможно... А тут красота и участие, тут теплота и свет, - где же противиться? И побежишь, как ребенок к няньке. Ну, а потом, конечно, холод, и мрак, и пустота... как следует. И кончится тем, что ото всего отвыкнешь, все перестанешь понимать. Сперва не будешь понимать, как можно любить; а потом не будешь понимать, как жить можно.

Литвинов посмотрел на Потугина, и ему показалось, что он никогда еще не встречал человека более одинокого, более заброшенного... более несчастного. Он не робел на этот раз, не чинился; весь понурый и бледный, с головою на груди и руками на коленях, он сидел неподвижно и только усмехался унылой усмешкой. Жалко стало Литвинову этого бедного, желчного чудака.

- Мне Ирина Павловна, между прочим, упомянула, начал он вполголоса, - об одной своей хорошей знакомой, которую звали, помнится, Бельской или Дольской...

Потугин вскинул на Литвинова свои печальные глазки.

- А!- промолвил он глухо. Она упомянула... ну и что ж? Впрочем, прибавил он, как-то неестественно зевнув, - мне домой пора, обедать. Прощения просим.

Он вскочил со скамейки и проворно удалился, прежде чем Литвинов успел промолвить слово... Досада сменила в нем жалость, досада, разумеется, на самого себя. Всякого рода нескромность была ему несвойственна, он хотел выразить свое участие Потугину, а вышло нечто подобное неловкому намеку. С тайным неудовольствием на сердце вернулся он в свою гостиницу.

"Испорчена до мозгу костей, - думал он несколько времени спустя, -... но горда как бес. Она, эта женщина, которая чуть не ни колени становится передо мною, горда? горда, а не капризна?"

Литвинов попытался изгнать из головы образ Ирины; но это ему не удалось. Он именно потому и не вспоминал о своей невесте; он чувствовал: сегодня тот образ своего места не уступит. Он положил, не тревожась более, ждать разгадки всей этой "странной истории"; разгадка эта не могла замедлиться, и Литвинов нисколько не сомневался в том, что она будет самая безобидная и естественная. Так думал он, а между тем не один образ Ирины не покидал его - все слова ее поочередно приходили ему на память.

Кельнер принес ему записку: она была от той же Ирины.

"Если вам нечего делать сегодня вечером, приходите: я не буду одна; у меня гости - и вы еще ближе увидите наших, наше общество. Мне очень хочется, чтобы вы их увидали: мне сдается, что они покажут себя в полном блеске. Надобно ж вам знать, каким я воздухом дышу. Приходите; я буду рада вас видеть, да и вы не соскучаетесь (Ирина хотела сказать: соскучитесь). Докажите мне, что наше сегодняшнее объяснение навсегда сделало невозможным всякое недоразумение между нами. Преданная вам И. ".

Литвинов надел фрак и белый галстух и отправился к Ирине. "Все это неважно, - мысленно повторял он дорогой, - а посмотреть на них... отчего не посмотреть? Это любопытно". Несколько дней тому назад эти самые люди возбуждали в нем другое чувство: они возбуждали в нем негодованье.

Он шел учащенными шагами, с нахлобученною на глаза шляпой, с напряженною улыбкой на губах, а Бамбаев, сидя перед кофейной Вебера и издали указывая на него Ворошилову и Пищалкину, восторженно воскликнул: "Видите вы этого человека? Это камень! Это скала!! это гранит!!!"

XV

Литвинов застал у Ирины довольно много гостей. В углу, за карточным столом, сидело трое из генералов пикника: тучный, раздражительный и снисходительный. Они играли в вист с болваном, и нет слов на человеческом языке, чтобы выразить важность, с которою они сдавали, брали взятки, ходили с треф, ходили с бубен... уж точно государственные люди! Предоставив разночинцам, aux bourgeois, обычные во время игры присказки и прибаутки, господа генералы произносили лишь самые необходимые слова; тучный генерал позволил себе, однако, между двумя сдачами энергически отчеканить: "Ct satane as de pique!" В числе посетительниц Литвинов узнал дам, участниц пикника; но были также и другие, которых он еще не видал. Была одна до того старая, что

70

казалось, вот-вот сейчас разрушится: она поводила обнаженными, страшными, темно-серыми плечами и, прикрыв рот веером, томно косилась на Ратмирова уже совсем мертвыми глазами; он за ней ухаживал; ее очень уважали в высшем свете как последнюю фрейлину императрицы Екатерины. У окна, одетая пастушкой, сидела графиня Ш., "царица ос", окруженная молодыми людьми; в числе их отличался своей надменной осанкой, совершенно плоским черепом и бездушно-зверским выражением лица, достойным бухарского хана или римского Гелиогабала, знаменитый богач и красавец Фиников; другая дама, тоже графиня, известная под коротким именем Lise, разговаривала с длинноволосым белокурым и бледным "спиритом"; рядом стоял господин, тоже бледный и длинноволосый, и значительно посмеивался: господин этот также верил в спиритизм, но, сверх того, занимался пророчеством и, на основании апокалипсиса и талмуда, предсказывал всякие удивительные события; ни одно из этих событий не совершалось - а он не смущался и продолжал пророчествовать. За фортепьянами поместился тот самый самородок, который возбудил такое негодование в Потугине; он брал аккорды рассеянною рукой d'une main distraite, и небрежно посматривал кругом. Ирина сидела на диване между князем Коко и г-жою Х., известною некогда красавицей и всероссийской умницей, давным-давно превратившеюся в дрянной сморчок, от которого отдавало постным маслом и выдохшимся ядом. Увидев Литвинова, Ирина покраснела, встала и, когда он подошел к ней, крепко пожала ему руку. На ней было черное креповое платье с едва заметными золотыми украшениями; ее плечи белели матовою белизной, а лицо, тоже бледное под мгновенною алою волной, по нем разлитою, дышало торжеством красоты, и не одной только красоты: затаенная, почти насмешливая радость светилась в полузакрытых глазах, трепетала около губ и ноздрей...

Ратмиров приблизился к. Литвинову и, поменявшись с ним обычными приветствиями, не сопровожденными, однако, обычною игривостью, представил его двум-трем дамам: старой развалине, царице ос, графине Лизе... Они приняли его довольно благосклонно. Литвинов не принадлежал к их кружку... но он был собой недурен, даже очень, и выразительные черты его молодого лица возбудили их внимание. Только он не сумел упрочить за собою это внимание; он отвык от общества и чувствовал некоторое смущение, а тут еще тучный генерал на него уставился. "Ага! рябчик! вольнодумец! - казалось, говорил этот неподвижный, тяжелый взгляд, -приполз-таки к нам; ручку, мол, пожалуйте". Ирина пришла на помощь Литвинову Она так ловко распорядилась, что он очутился в уголку, возле двери, немного позади ее. Заговаривая с ним, ей всякий раз приходилось к нему оборачиваться, и он всякий раз любовался красивым изгибом ее блестящей шеи, он впивал тонкий запах ее волос. Выражение благодарности, глубокой и тихой, не сходило с ее лица: он не мог не сознаться, что именно благодарность выражали эти улыбки, эти взоры, и сам он весь закипал тем же чувством, и совестно становилось ему, и сладко, и жутко... И в то же время она постоянно как будто хотела сказать: "Ну что? каковы?" Особенно ясно слышался Литвинову этот безмолвный вопрос, как только кто-нибудь из присутствовавших произносил или совершал пошлость, а это случилось не однажды во время вечера. Раз даже она не выдержала и громко засмеялась.

Графиня Лиза, дама весьма суеверная и склонная ко всему чрезвычайному, натолковавшись досыта с белокурым спиритом об Юме, вертящихся столах, самоиграющих гармониках и т. п., кончила тем, что спросила его, существуют ли такие животные, на которые действует магнетизм.

- Одно такое животное, во всяком случае, существует, - отозвался издали князь Коко. Вы ведь знаете Мильвановского? Его при мне усыпили, и он храпел даже, ей-ей!

- Вы очень злы, mon prince; я говорю о настоящих животных, je parle des betes.

- Mais moi aussi, madame, je parle d'une bete...

- Есть и настоящие, - вмешался спирит, - например, раки; они очень нервозны и легко впадают в каталепсию.

Графиня изумилась.

- Как? Раки? Неужели? Ах, это чрезвычайно любопытно! Вот это я бы посмотрела! Мсье Лужин, - прибавила она, обратившись к молодому человеку с каменным, как у новых кукол, лицом и каменными воротничками (он славился тем, что оросил это самое лицо и эти самые воротнички брызгами Ниагары и Нубийского Нила, впрочем ничего не помнил изо всех своих путешествий и любил одни русские каламбуры...), - мсье Лужин, будьте так любезны, достаньте нам рака. Мсье Лужин осклабился. - Живого-с или только живо? - спросил он. Графиня не поняла его. - Mais oui, рака, - повторила она, - une ecrevisse. - Как, что такое? рака? рака? - строго вмешалась графиня Ш. Отсутствие мсье Вердие ее раздражало; она понять не могла, зачем Ирина не пригласила этого прелестнейшего из французов. Развалина, уже давно ничего не понимавшая - притом и глухота ее одолевала, - только помотала головою. - Oui, oui, vous allez voir.. Мсье Лужин, пожалуйста... Молодой путешественник поклонился, вышел и возвратился вскоре. Кельнер выступал за ним и, улыбаясь во весь рот, нес блюдо, на котором виднелся большой черный рак. - Voici, madame, воскликнул Лужин, - теперь можно приступить к операции рака. Ха, ха, ха! (Русские люди всегда первые смеются собственным остротам.)

- Хе, хе, хе!- снисходительно, в качестве патриота и покровителя всяких отечественных продуктов, отозвался князь Коко.

(Просим читателя не удивляться и не негодовать: кто может отвечать за себя, что, сидя в партере Александринского театра и охваченный его атмосферой, не хлопал еще худшему каламбуру?)

- Merci, merci, - промолвила графиня. Allons, allons, monsieur Fox, montrez-nous ca.

Кельнер поставил блюдо на круглый столик. Произошло небольшое движение между гостями; несколько голов вытянулось; одни генералы за карточным столом сохранили невозмутимую торжественность позы. Спирит взъерошил свои волосы, нахмурился и, приблизившись к столику, начал поводить руками по воздуху: рак топорщился, пятился и приподнимал клешни. Спорит повторил и участил свои движения: рак по-прежнему топорщился.

- Mais que doit-elle donc faire? - спросила графиня.

- Elle doa rester immobile et se dresser sur sa quiou, отвечал с сильным американским акцентом г-н Фокс, судорожно потрясая пальцами над блюдом; но магнетизм не действовал, рак продолжал шевелиться.

Спирит объявил, что он не в ударе, и с недовольным видом отошел от столика. Графиня принялась утешать его, уверяя, что даже с мсье Юмом случались иногда подобные неудачи... Князь Коко подтвердил ее слова. Знаток апокалипсиса и талмуда подошел украдкой к столику и, быстро, но сильно тыкая пальцами в направлении рака, также попытал свое счастье, но безуспешно: признаков каталепсии не оказалось. Тогда призвали кельнера и велели ему унести рака, что он и исполнил с прежнею улыбкой во весь рот; слышно было, как он фыркнул за дверями... В кухне потом много смеялись uber diese Russen. Самородок, который продолжал брать аккорды во время опытов над раком, придерживаясь минорных тонов, потому нельзя ведь знать, как что действует, - самородок сыграл свой неизменный вальс и, разумеется, удостоился самого лестного одобрения. Увлеченный соревнованием, граф X., наш несравненный дилетант (смотри главу I), "сказал" шансонетку своего изобретения, целиком выкраденную у Оффенбаха. Ее игривый припев на слова: "quel oeuf? quel boeuf?" - заставил закачаться вправо и влево почти все дамские головы; одна даже застонала слегка, и неотразимое, неизбежное слово "Charmant! charmant!" промчалось по всем устам. Ирина переглянулась с Литвиновым и опять затрепетало около ее губ то затаенное, насмешливое выражение... Но еще сильнее заиграло оно несколько мгновений спустя, оно приняло даже злорадный оттенок, когда князь Коко, этот представитель и защитник дворянских интересов, вздумал излагать свои воззрения перед тем же самым спиритом и, разумеется, немедленно

73

пустил в ход свою знаменитую фразу о потрясении собственности в России, причем, конечно, досталось и демократам. Американская кровь заговорила в спирите: он начал спорить. Князь, как водится, тотчас принялся кричать во всю голову, вместо всяких доводов беспрестанно повторяя: c'est absurde! cela n'a pas le sens commun! Богач Фиников принялся говорить дерзости, не разбирая, к кому они относились; талмудист запищал, сама графиня Ш. задребезжала... Словом, поднялся почти такой же несуразный гвалт, как у Губарева; только разве вот что - пива не было да табачного дыма и одежда на всех была получше. Ратмиров попытался восстановить тишину генералы изъявили неудовольствие, послышалось восклицание Бориса: "Encore cette satanee politique!), но попытка не удалась, и тут же находившийся сановник из числа мягко-пронзительных, взявшись представить le resume de la question en peu de mots потерпел поражение; правда, он там мямлил и повторялся, так очевидно не умел, ли выслушивать, ни понимать возражения и так, несомненно, сам не ведал, в чем, собственно, состояла la question, что другого исхода ожидать было невозможно; а тут еще Ирина исподтишка подзадоривала и натравливала друг на друга споривших, то и дело оглядываясь на Литвинова и слегка кивая ему... А он сидел как очарованный, ничего не слышал и только ждал, когда сверкнут опять перед ним эти великолепные глаза, когда мелькнет это бледное нежное, злое, прелестное лицо... Кончилось тем, что дамы взбунтовались и потребовали прекращения спора... Ратмиров упросил дилетанта повторить свою шансонетку, и самородок снова сыграл свой вальс...

Литвинов остался за полночь и ушел позднее всех. Разговор в течение вечера коснулся множества предметов, тщательно избегая все мало-мальски интересное; генералы, окончив свою величественную игру, величественно к нему присоединились: влияние этих государственных людей сказалось тотчас. Речь зашла о парижских полусветских знаменитостях, имена и таланты которых оказались всем коротко известными, о последней пиесе Сарду, о романе Абу, о Катти в "Травиате". Кто-то предложил играть в "секретари", au secretaire; но это не удалось. Ответы выдавались плоские и не без грамматических ошибок; тучный генерал рассказал, что он однажды на вопрос: "Qu'est ce que l'amour?" - отвечал: "Une colique remontee au coeur" - и немедленно захохотал своим деревянным хохотом; развалина с размаху ударила его веером по руке; кусок белил свалился с ее лба от этого резкого движения. Высохший сморчок упомянул было о славянских княжествах и о необходимости православной пропаганды за Дунаем, но, не найдя отголоска, зашипел и стушевался. В сущности, больше всего толковали об Юме; даже "царица ос" рассказала, как по ней ползали руки и как она их видела и надела на

74

одну из них свое собственное кольцо. Ирине, точно, пришлось торжествовать: если б Литвинов обращал даже больше внимания на то, что говорилось вокруг него, он все-таки не вынес бы ни одного искреннего слова, ни одной дельной мысли, ни одного нового факта изо всей этой бессвязной и безжизненной болтовни. В самых криках и возгласах не слышалось увлечения; в самом порицании не чувствовалось страсти; лишь изредка, из-под личины мнимо-гражданского негодования, мнимо-презрительного равнодушия, плаксивым писком пищала боязнь возможных убытков да несколько имен, которых потомство не забудет, произносилось со скрипением зубов... И хоть бы капля живой струи подо всем этим хламом и сором! Какое старье, какой ненужный вздор, какие плохие пустячки занимали все эти головы, эти души, и не в один только этот вечер занимали их они, не только в свете, но и дома, во все часы и дни, во всю ширину и глубину их существования! И какое невежество в конце концов! Какое непонимание всего, на чем зиждется, чем украшается человеческая жизнь!

Прощаясь с Литвиновым, Ирина снова стиснула ему руку и знаменательно шепнула: "Ну что? Довольны вы? Насмотрелись? Хорошо?" Он ничего не отвечал ей и только поклонился тихо и низко.

Оставшись наедине с мужем, Ирина хотела было уйти к себе в спальню... Он остановил ее.

- Je vous ai beaucoup admiree ce soir, madame, промолвил он, закуривая папироску и опираясь на камин, - vous vous estes parfaitement moquee de nous tous.

- Pas plus cette fois-ci que les autres, - равнодушно отвечала она.

- Как прикажете понять вас? - спросил Ратмиров.

- Как хотите.

- Гм. C'est clair. - Ратмиров осторожно, по-кошачьи, стряхнул пепел папироски концом длинного ногтя на мизинце. - Да, кстати! Этот новый ваш знакомец - как бишь его?.. господин Литвинов, - должно быть, пользуется репутацией очень умного человека.

При имени Литвинова Ирина быстро обернулась.

- Что вы хотите сказать?

Генерал усмехнулся.

- Он все молчит... видно, боится скомпрометироваться.

Ирина тоже усмехнулась, только вовсе не так, как ее муж.

- Лучше молчать, чем говорить... как говорят иные.

- Attrape! - промолвил Ратмиров с притворным смирением. Шутки в сторону, у него очень интересное лицо. Такое... сосредоточенное выражение... и вообще осанка... Да. Генерал поправил галстух и посмотрел, закинув голову, на собственные усы. Он, я полагаю, республиканец, вроде другого вашего приятеля, господина Потугина; вот тоже умник из числа безмолвных.

Брови Ирины медленно приподнялись над расширенными, светлыми глазами, а губы сжались и чуть-чуть скривились.

- К чему вы это говорите, Валерьян Владимирыч? - как бы с участием заметила она. Только заряды на воздух тратите... Мы не в России, и никто вас не слышит.

Ратмирова передернуло.

- Это не мое только мнение, Ирина Павловна, заговорил он каким-то внезапно гортанным голосом, - другие также находят, что этот барин смотрит карбонарием.

- В самом деле? Кто же эти другие?

- Да Борис, например...

- Как? И этому нужно было выразить свое мнение?

Ирина передвинула плечами, как бы пожимаясь от холода, и тихонько провела по ним концами пальцев.

- Этому... да, этому... этому. Позвольте доложить вам, Ирина Павловна, вы словно сердитесь; а вы сами знаете, кто сердится...

- Я сержусь? С какой стати?

- Не знаю; может быть, на вас неприятно подействовало замечание, которое я позволил себе насчет...

Ратмиров замялся.

- Насчет? - вопросительно повторила Ирина. Ах, пожалуйста, без иронии и поскорее. Я устала, спать хочу. Она взяла свечку со стола. Насчет?..

- Да насчет все того же господина Литвинова. Так как теперь уже нет никакого сомнения в том, что он очень вас занимает...

Ирина подняла руку, в которой держала подсвечник, пламя пришлось на уровень с лицом ее мужа, - и, внимательно, почти с любопытством посмотрев ему в глаза, внезапно захохотала.

- Что с вами? - спросил, нахмурившись, Ратмиров.

Ирина продолжала хохотать.

- Да что такое? - повторил он и топнул ногой.

Он чувствовал себя обиженным, уязвленным, и в то же время красота этой женщины, так легко и смело стоявшей перед ним, его невольно поражала... она терзала его. Он видел все, все ее прелести, даже розовый блеск изящных ногтей на тонких пальцах, крепко охвативших темную бронзу тяжелого подсвечника, - даже этот блеск не ускользнул от него... и обида еще глубже въедалась в его сердце. А Ирина все хохотала.

- Как? вы? вы ревнуете? - промолвила она наконец и, обернувшись спиной к мужу, вышла вон из комнаты. "Он ревнует!" - послышалось за дверями, и снова раздался ее хохот.

Ратмиров сумрачно посмотрел вслед своей жене, - он и тут не мог не заметить обаятельной стройности ее стана, ее движений, - и, сильным ударом разбив папироску о мраморную плиту камина, швырнул ее далеко прочь. Щеки его внезапно побледнели, судорога пробежала по подбородку, и глаза тупо и зверски забродили по полу, словно отыскивая что-то... Всякое подобие изящества исчезло с его лица. Подобное выражение должно было принять оно, когда он засекал белорусских мужиков.

А Литвинов пришел к себе в комнату и, присев на стул перед столом, взял голову в обе руки и долго оставался неподвижным. Он поднялся наконец, раскрыл ящик и, достав портфель, вынул из внутреннего кармана карточку Татьяны. Печально глянуло на него ее лицо, искаженное и, как водится, состаренное фотографией. Невеста Литвинова была девушка великороссийской крови, русая, несколько полная и с чертами лица немного тяжелыми, но с удивительным выражением доброты и кротости в умных, светло-карих глазах, с нежным белым лбом, на котором, казалось, постоянно лежал луч солнца. Литвинов долго не сводил глаз с карточки, потом тихонько ее отодвинул и снова схватился обеими руками за голову. "Все кончено! - прошептал он, наконец. Ирина! Ирина!"

Он только теперь, только в это мгновение понял, что безвозвратно и безумно влюбился в нее, влюбился с самого дня первой встречи с нею в Старом замке, что никогда не переставал ее любить. А между тем как бы он удивился, как бы он не поверил, рассмеялся бы, пожалуй, если б это ему сказали несколько часов тому назад!

- Но Таня, Таня, боже мой, Таня! Таня!- повторил он с сокрушением; а образ Ирины так и воздвигался перед ним в своей черной, как бы траурной одежде, с лучезарною тишиной победы на беломраморном лице.

XVI

Литвинов не спал всю ночь и не раздевался. Очень ему было тяжело. Как человек честный и справедливый, он понимал важность обязанностей, святость долга и почел бы за стыд хитрить с самим собой, с своею слабостью, с своим проступком. Сперва нашло на него оцепенение: долго не мог он выбиться из-под темного гнета одного и того же полусознанного, неясного ощущения; потом им овладел ужас при мысли, что будущность, его почти завоеванная будущность, опять заволоклась мраком, что его дом, его прочный, только что возведенный дом внезапно пошатнулся... Он начал безжалостно упрекать себя, но тотчас же сам остановил свои порывы. "Что за малодушие? - подумал он. Не до упреков теперь; надо теперь действовать; Таня моя невеста, она поверила моей любви, моей чести, мы соединены навек и не можем, не должны разъединиться". Он живо представил себе все качества Татьяны, он мысленно перебирал и пересчитывал их; он старался возбудить в себе и умиление и нежность.

"Остается одно, - думал он опять, - бежать, бежать немедленно, не дожидаясь ее прибытия, бежать ей навстречу; буду ли я страдать, буду ли мучиться с Таней, - это невероятно, - но, во всяком случае, рассуждать об этом, принимать это в соображение - нечего; надо долг исполнить, хоть умри потом! - Но ты не имеешь права ее обманывать, - шептал ему другой голос, - ты не имеешь права скрывать от нее перемену, происшедшую в твоих чувствах; быть может, узнав, что ты полюбил другую, она не захочет стать твоей женой? - Вздор! вздор! - возражал он, - это все софизмы, постыдное лукавство, ложная добросовестность; я не имею права не сдержать данного слова, вот это так. Ну, прекрасно... Тогда надо уехать отсюда, не видавшись с тою... "

Но тут у Литвинова защемило на сердце, холодно ему стало, физически холодно: мгновенная дрожь пробежала по телу, слабо стукнули зубы. Он потянулся и зевнул, как в лихорадке. Не настаивая более на своей последней мысли, заглушая эту мысль, отворачиваясь от нее, он принялся недоумевать и удивляться, каким образом он мог опять... опять полюбить это испорченное, светское существо, со всею его противною, враждебною обстановкой. Он попытался было спросить самого себя: да полно, точно полюбил ли ты? - и только махнул рукой. Он еще удивлялся и недоумевал, а вот уже перед ним, словно из мягкой, душистой мглы, выступал пленительный облик, поднимались лучистые ресницы - и тихо и неотразимо вонзались ему в сердце волшебные глаза, и голос звенел сладостно, и блестящие плечи, плечи молодой царицы, дышали свежестью и жаром неги...

К утру в душе Литвинова созрело, наконец, решение. Он положил уехать в тот же день навстречу Татьяне и, в последний раз увидавшись с Ириной, сказать ей, если нельзя иначе, всю правду - и расстаться с ней навсегда. Он привел в порядок и уложил свои вещи, дождался двенадцатого часа и отправился к ней. Но при виде ее полузавешенных окон сердце в Литвинове так и упало... духа не достало переступить порог гостиницы. Он прошелся несколько раз по Лихенталевской аллее. "Господину Литвинову наше почтение!" - раздался вдруг насмешливый голос с высоты быстро катившегося "дог-карта". Литвинов поднял глаза и увидал генерала Ратмирова, сидевшего рядом с князем М., известным спортсменом и охотником до английских экипажей и лошадей. Князь правил, а генерал перегнулся набок и скалил зубы, высоко приподняв шляпу над головой. Литвинов поклонился ему и в ту же минуту, как бы повинуясь тайному повелению, бегом пустился к Ирине.

Она была дома. Он велел доложить о себе; его тотчас приняли. Когда он вошел, она стояла посреди комнаты. На ней была утренняя блуза, с широкими открытыми рукавами; лицо ее, бледное по-вчерашнему, но не по-вчерашнему свежее, выражало усталость; томная улыбка, которою она приветствовала своего гостя, еще яснее обозначила это выражение. Она протянула ему руку и посмотрела на него ласково, но рассеянно.

- Спасибо, что пришли, - заговорила она слабым голосом и опустилась на кресло. Я не совсем здорова сегодня; я дурно ночь провела. Ну, что вы скажете о вчерашнем вечере? Не права я была?

Литвинов сел.

- Я пришел к вам, Ирина Павловна, - начал он...

Она мгновенно выпрямилась и обернулась, глаза ее так и вперились в Литвинова.

- Что с вами? - воскликнула она. Вы бледны как мертвец, вы больны. Что с вами?

Литвинов смутился.

- Со мною, Ирина Павловна?

- Вы получили дурное известие? Несчастье случилось, скажите, скажите...

Литвинов в свою очередь посмотрел на Ирину.

- Никакого дурного известия я не получал, промолвил он не без усилия, - а несчастье действительно случилось, большое несчастье... и оно-то привело меня к вам.

- Несчастье? Какое?

- А такое... что.

Литвинов хотел продолжать... и не мог. Только руки он стиснул так, что пальцы хрустнули. Ирина наклонилась вперед и словно окаменела.

- Ах! я люблю вас! - вырвалось наконец глухим стоном из груди Литвинова, и он отвернулся, как бы желая спрятать свое лицо.

- Как, Григорий Михайлыч, вы... - Ирина тоже не могла докончить речь и, прислонившись к спинке кресла, поднесла к глазам обе руки. Вы... меня любите?

- Да... да... да, - повторил он с ожесточением, все более и более отворачивая свое лицо.

Все смолкло в комнате; залетевшая бабочка трепетала крыльями и билась между занавесом и окном.

Первый заговорил Литвинов.

- Вот, Ирина Павловна, - начал он, - вот то несчастье, которое меня... поразило, которое я должен бы был предвидеть и избежать, если б, как и тогда, как в то московское время, я не попал тотчас в водоворот. Видно, судьбе угодно было опять заставить меня, и опять через вас, испытать все те муки, которые, казалось, не должны были уже повториться более... Недаром я противился... старался противиться; да, знать, чему быть, того не миновать. А говорю я вам все это для того, чтобы кончить поскорее эту... эту трагикомедию, - прибавил он с новым порывом ожесточения и стыда.

Литвинов опять умолк; бабочка по-прежнему билась и трепетала. Ирина не отнимала рук от лица.

- И вы не обманываетесь? - послышался ее шепот из-под этих белых, словно бескровных рук.

- Я не обманываюсь, - отвечал Литвинов беззвучным голосом. Я вас люблю так, как никогда и никого не любил, кроме вас. Я не стану упрекать вас: это было бы слишком нелепо; не стану повторять вам, что, быть может, ничего бы этого не случилось, если бы вы сами иначе поступили со мною... Конечно, я один виноват, моя самонадеянность меня погубила; я поделом наказан, и вы этого никак ожидать не могли. Конечно, вы не сообразили, что было бы гораздо безопаснее для меня, если бы вы не так живо чувствовали свою вину... свою мнимую вину передо мною и не желали б ее загладить... Но ведь сделанного не переделаешь. Я только хотел уяснить вам мое положение: оно уж и так довольно тяжело... По крайней мере, не будет, как вы говорите, недоразумений, а откровенность моего признания, я надеюсь, уменьшит то чувство оскорбления, которое вы не можете не ощутить.

Литвинов говорил, не поднимая глаз; да если б он и взглянул на Ирину, он бы все-таки не мог увидеть, что происходило у ней на лице, так как она по-прежнему не отнимала рук. А между тем то, что происходило на этом лице, вероятно бы его изумило: и страх, и радость выражало оно, и какое-то блаженное изнеможение, и тревогу; глаза едва мерцали из-под нависших век, и протяжное, прерывистое дыхание холодило раскрытые, словно жаждавшие губы...

Литвинов помолчал, подождал отзыва, звука... Ничего!

- Мне остается одно, - начал он снова, - удалиться; я пришел проститься с вами.

Ирина медленно опустила руки на колени.

- Но мне помнится, Григорий Михайлыч, - начала она, - та... та особа, о которой вы мне говорили, она должна сюда приехать? Вы ее ожидаете?

- Да; но я ей напишу... она остановится где-нибудь на дороге... в Гейдельберге, например.

- А! в Гейдельберге... Да... Там хорошо... Но все это должно расстроить ваши планы. Уверены ли вы, Григорий Михайлыч, что вы не преувеличиваете, et que ce n'est pas une fausse alarme? Ирина говорила тихо, почти холодно, с небольшими расстановками и глядя в сторону, в окно. Литвинов не ответил на ее последний вопрос. - Только зачем вы упомянули об оскорблении? - продолжала она. Я не оскорблена... о нет! И если кто-нибудь из нас виноват, так, во всяком случае, не вы; не вы одни... Вспомните наши последние разговоры, и вы убедитесь, что виноваты не вы.

- Я никогда не сомневался в вашем великодушии, - произнес сквозь зубы Литвинов, - но я желал бы знать: одобряете ли вы мое намерение?

- Уехать?

- Да.

Ирина продолжала глядеть в сторону.

- В первую минуту ваше намерение мне показалось преждевременным... Но теперь я обдумала то, что вы сказали... и если вы точно не ошибаетесь, то я полагаю, что вам следует удалиться. Этак будет лучше... лучше для нас обоих.

Голос Ирины становился все тише и тише, и самая речь замедлялась все более и более.

- Генерал Ратмиров действительно мог бы заметить, - начал было Литвинов...

Глаза Ирины опустились снова, и что-то странное мелькнуло около ее губ - мелькнуло и замерло.

- Нет. Вы меня не поняли, - перебила она его. Я не думала о моем муже. С какой стати? Ему и замечать было бы нечего. Но я повторяю: разлука необходима для нас обоих.

Литвинов поднял шляпу, упавшую на пол.

"Все кончено, - подумал он, - надо уйти". - Итак, мне остается проститься с вами, Ирина Павловна, - промолвил он громко, и жутко ему стало вдруг, точно он сам собирался произнести приговор над собою. Мне остается только надеяться, что вы не станете поминать меня лихом... и что если мы когда-нибудь...

Ирина опять его перебила:

- Погодите, Григорий Михайлыч, не прощайтесь еще со мною. Это было бы слишком поспешно.

Что-то дрогнуло в Литвинове, но жгучая горечь нахлынула тотчас и с удвоенною силой в его сердце.

- Да не могу я остаться!- воскликнул он. К чему? К чему продолжать это томление?

- Не прощайтесь еще со мною, - повторила Ирина. Я должна увидать вас еще раз... Опять такое немое расставанье, как в Москве, - нет, я этого не хочу. Вы можете теперь уйти, но вы должны обещать мне, дать мне честное слово, что вы не уедете, не увидевшись еще раз со мною.

- Вы этого желаете?

- Я этого требую. Если вы уедете, не простившись со мною, я вам никогда, никогда этого не прощу, слышите ли: никогда! Странно! - прибавила она, словно про себя, - я никак не могу себе представить, что я в Бадене... Мне так и чудится, что я в Москве... Ступайте.

Литвинов встал.

- Ирина Павловна, - проговорил он, - дайте мне вашу руку.

Ирина покачала головой.

- Я вам сказала, что не хочу прощаться с вами...

- Я не на прощание прошу...

Ирина протянула было руку, но взглянула на Литвинова, в первый раз после его признания, - и отвела ее назад.

- Нет, нет, - шепнула она, - я не дам вам моей руки. Нет... нет. Ступайте.

Литвинов поклонился и вышел. Он не мог знать, отчего Ирина ему отказала в последнем дружеском пожатии... Он не мог знать, чего она боялась.

Он вышел, а Ирина снова опустилась на кресло и снова закрыла себе лицо.

XVII

Литвинов не вернулся домой: он ушел в горы и, забравшись в лесную чащу, бросился на землю лицом вниз и пролежал там около часа. Он не мучился, не плакал; он как-то тяжело и томительно замирал. Никогда он еще не испытал ничего подобного: то было невыносимо ноющее и грызущее ощущение пустоты, пустоты в самом себе, вокруг, повсюду... Ни об Ирине, ни о Татьяне не думал он. Он чувствовал одно: пал удар, и жизнь перерублена, как канат, и весь он увлечен вперед и подхвачен чем-то неведомым и холодным. Иногда ему казалось, что вихорь налетал на него и он ощущал быстрое вращение и беспорядочные удары его темных крыл... Но решимость его не поколебалась. Остаться в Бадене... об этом и речи быть не могло. Мысленно он уже уехал: он уже сидел в гремящем и дымящем вагоне и бежал, бежал в немую, мертвую даль. Он приподнялся, наконец, и, прислонив голову к дереву, остался неподвижным; только одною рукой он, сам того не замечая, схватил и в такт раскачивал верхний лист высокого папоротника. Шум приближавшихся шагов вывел его из оцепенения: два угольщика с большими мешками на плечах пробирались по крутой тропинке.

"Пора!" - шепнул Литвинов и вслед за угольщиками спустился в город, повернул к зданию железной дороги и отправил телеграмму на имя Татьяниной тетки, Капитолины Марковны. В этой телеграмме он извещал ее о своем немедленном отъезде и назначил ей свидание в Шрадеровой гостинице в Гейдельберге. "Кончать, так кончать разом, - подумал он, - нечего откладывать до завтра". Потом он зашел в игорную залу, с тупым любопытством посмотрел двум-трем игрокам в лицо, заметил издали гнусный затылок Биндасова, безукоризненное чело Пищалкина и, постояв немного под колоннадой, отправился не спеша к Ирине. Не в силу внезапного, невольного увлечения отправился он к ней; решившись уехать, он также решился сдержать данное слово и еще раз с нею повидаться. Он вступил в гостиницу, не замеченный швейцаром, поднялся по лестнице, никого не встречая, - и, не постучав в дверь, машинально толкнул ее и вошел в комнату. В комнате, на том же кресле, в том же платье, в том же точно положении, как три часа тому назад, сидела Ирина... Видно было, что она не тронулась с места, не шевельнулась все это время. Она медленно приподняла голову и, увидав Литвинова, вся вздрогнула и ухватилась за ручку кресла.

"Вы меня испугали", - прошептала она.

Литвинов глядел на нее с безмолвным изумлением. Выражение ее лица, угасших глаз - поразило его. Ирина улыбнулась насильственно и поправила развившиеся волосы.

- Это ничего... я, право, не знаю... я, кажется, заснула тут.

- Извините меня, Ирина Павловна, - начал Литвинов, - я вошел без доклада... Я хотел исполнить то, что вам было угодно от меня потребовать. Так как я сегодня уезжаю...

- Сегодня? Но вы, кажется, сказали мне, что вы хотели сперва написать письмо...

- Я послал телеграмму.

- А! вы нашли нужным поспешить. И когда вы уезжаете? В котором часу то есть?

- В семь часов вечера.

- А! в семь часов! И вы пришли проститься?

- Да, Ирина Павловна, проститься.

Ирина помолчала.

- Я должна благодарить вас, Григорий Михайлыч; вам, вероятно, нелегко было сюда прийти.

- Да, Ирина Павловна, очень нелегко.

- Жить вообще нелегко, Григорий Михайлыч; как вы полагаете?

- Как кому, Ирина Павловна.

Ирина опять помолчала, словно задумалась.

- Вы мне доказали вашу дружбу тем, что пришли, - промолвила она наконец. Благодарю вас. И вообще я одобряю ваше намерение как можно поскорее все покончить... потому что всякое замедление... потому что... потому что я, та самая я, которую вы упрекали в кокетстве, называли комедианткой - так, кажется, вы меня называли?..

Ирина быстро встала и, пересев на другое кресло, приникла и прижалась лицом и руками к краю стола...

- Потому что я люблю вас... - прошептала она сквозь стиснутые пальцы.

Литвинов пошатнулся, словно кто его в грудь ударил.

Ирина тоскливо повернула голову прочь от него, как бы желая в свою очередь спрятать от него свое лицо, и положила ее на стол.

- Да, я вас люблю... я люблю вас... и вы это знаете.

- Я? я это знаю? - проговорил наконец Литвинов. Я?

- Ну, а теперь вы видите, - продолжала Ирина, - что вам, точно, надо уехать, что медлить нельзя... и вам и мне нельзя медлить. Это опасно, это страшно... Прощайте! - прибавила она, порывисто вставая с кресла, - прощайте.

Она сделала несколько шагов в направлении двери кабинета и, занеся руку за спину, торопливо повела ею по воздуху, как бы желая встретить и пожать руку Литвинова; но он стоял как вкопанный далеко... Она еще раз проговорила: "Прощайте, забудьте" - и, не оглядываясь, бросилась вон.

Литвинов остался один и все еще не мог прийти в себя. Он опомнился наконец, проворно подошел к двери кабинета, произнес имя Ирины раз, два, три раза... Он уже ухватился за замок... С крыльца гостиницы послышался голос Ратмирова.

Литвинов надвинул шляпу на глаза и вышел на лестницу. Изящный генерал стоял перед ложей швейцара и дурным немецким языком объяснял ему, что желает нанять карету на целый завтрашний день. Увидав Литвинова, он опять неестественно высоко приподнял шляпу и опять выразил ему свое "почитание": он, очевидно, трунил над ним, но Литвинову было не до того. Он едва ответил на поклон Ратмирова и, добравшись до своей квартиры, остановился перед своим, уже уложенным и закрытым, чемоданом. Голова у него кружилась и сердце дрожало, как струна. Что было теперь делать? И мог ли он это предвидеть?

Да, он это предвидел, как оно ни казалось невероятным. Это оглушило его как громом, но он это предвидел, хоть и сознаться в том не смел. А впрочем, он ничего не знал наверное. Все в нем перемешалось и спуталось; он потерял нить собственных мыслей. Вспомнил он Москву, вспомнил, как "оно" и тогда налетело внезапною бурею. Он задыхался: восторг, но восторг безотрадный и безнадежный, давил и рвал его грудь. Ни за что в свете он бы не согласился на то, чтобы слова, произнесенные Ириной, не были в действительности ею произнесены... Но что же? переменить принятое решение эти слова все-таки не могли. Оно по-прежнему не колебалось и стояло твердо, как брошенный якорь. Литвинов потерял нить своих мыслей... да; но воля его осталась при нем пока, и он распоряжался собою, как чужим подчиненным человеком. Он позвонил кельнера, велел подать себе счет, удержал место в вечернем омнибусе: он с намерением отрезывал себе все пути. "Там потом хоть умри, - твердил он, как в прошедшую, бессонную ночь; эта фраза ему особенно пришлась по вкусу. Там потом хоть умри", - повторял он, медленно расхаживая взад и вперед по комнате, и лишь изредка невольно закрывал глаза и переставал дышать, когда эти слова, эти слова Ирины вторгались ему в душу и жгли ее огнем. "Видно, два раза не полюбишь, - думал он, вошла в тебя другая жизнь, впустил ты ее - не отделаешься ты от этого яда до конца, не разорвешь этих нитей! Так; но что ж это доказывает? Счастье... Разве оно возможно? Ты ее любишь, положим... и она... она тебя любит... "

Но тут ему опять пришлось взять себя в руки. Как путник в темную ночь, видя впереди огонек и боясь сбиться с дороги, ни на мгновение не спускает с него глаз, так и Литвинов постоянно устремлял всю силу своего внимания на одну точку, на одну цель. Явиться к своей невесте, и даже не собственно к невесте (он старался не думать о ней), а в комнату гейдельбергской гостиницы - вот что стояло перед ним незыблемо, путеводным огоньком. Что дальше будет, он не ведал, да и ведать не хотел... Одно было несомненно: назад он не вернется. "Там хоть умри", - повторил он в десятый раз и взглянул на часы.

Четверть седьмого! Как долго еще приходилось ждать! Он снова зашагал взад и вперед. Солнце склонялось к закату, небо зарделось над деревьями, и алый полусвет ложился сквозь узкие окна в его потемневшую комнату. Вдруг Литвинову почудилось, как будто дверь растворилась за ним тихо и быстро, и так же быстро затворилась снова... Он обернулся; у двери, закутанная в черную мантилью, стояла женщина... Ирина! - воскликнул он и всплеснул руками... Она подняла голову и упала к нему на грудь. Два часа спустя он сидел у себя на диване. Чемодан стоял в углу, - раскрытый и пустой, а на столе, посреди беспорядочно разбросанных вещей, лежало письмо от Татьяны, только что полученное Литвиновым. Она писала ему, что решилась ускорить свой отъезд из Дрездена, так как здоровье ее тетки совершенно поправилось, и что если никаких не встретится препятствий, они обе на следующий день к двенадцати часам прибудут в Баден и надеются, что он придет к ним на встречу на железную дорогу. Квартира для них была нанята Литвиновым в той самой гостинице, где он стоял. В тот же вечер он послал записку к Ирине, а на следующее утро он получил от нее ответ. "Днем позже, днем раньше, - писала она, - это было неизбежно. А я повторяю тебе, что вчера сказала: жизнь моя в твоих руках, делай со мной что хочешь. Я не хочу стеснять твою свободу, но знай, что, если нужно, я все брошу и пойду за тобой на край земли. Мы ведь увидимся завтра? Твоя Ирина". Последние два слова были написаны крупным и размашистым, решительным почерком.

XVIII

В числе лиц, собравшихся 18 августа к двенадцати часам на площадку железной дороги, находился и Литвинов. Незадолго перед тем он встретил Ирину: она сидела в открытой карете с своим мужем и другим, уже пожилым, господином. Она увидала Литвинова, и он это заметил; что-то темное пробежало по ее глазам, но она тотчас же закрылась от него зонтиком.

Странная перемена произошла в нем со вчерашнего дня - во всей его наружности, в движениях, в выражении лица; да и он сам чувствовал себя другим человеком. Самоуверенность исчезла, и спокойствие исчезло тоже, и уважение к себе; от прежнего душевного строя не осталось ничего. Недавние, неизгладимые впечатления заслонили собою все остальное. Появилось какое-то небывалое ощущение, сильное, сладкое - и недоброе; таинственный гость забрался в святилище и овладел им, и улегся в нем, молчком, но во всю ширину, как хозяин на новоселье. Литвинов не стыдился более, он трусил - и в то же время отчаянная отвага в нем загоралась; взятым, побежденным знакома эта смесь противоположных чувств; небезызвестна она и вору после первой кражи. А Литвинов был побежден, побежден внезапно... и что сталось с его честностью?

Поезд опоздал несколькими минутами. Томление Литвинова перешло в мучительную тоску: он не мог устоять на месте и, весь бледный, терся и толпился между народом. "Боже мой, - думал он, - хоть бы еще сутки... " Первый взгляд на Таню, первый взгляд Тани... вот что его страшило, вот что надо было поскорей пережить... А после? А после - будь что будет!.. Он уже не принимал более никакого решения, он уже не отвечал за себя. Вчерашняя фраза болезненно мелькнула у него в голове... И вот как он встречает Таню!..

Продолжительный свист раздался наконец, послышался тяжелый, ежеминутно возраставший гул, и, медленно выкатываясь из-за поворота дороги, появился паровик. Толпа подалась ему навстречу, и Литвинов двинулся за нею, волоча ноги, как осужденный. Лица, дамские шляпки стали показываться из вагонов, в одном окошке замелькал белый платок... Капитолина Марковна им махала... Кончено: она увидела Литвинова, и он ее узнал.

Поезд остановился. Литвинов бросился к дверцам, отворил их: Татьяна стояла возле тетки и, светло улыбаясь, протягивала руку.

Он помог им обеим сойти, проговорил несколько приветных слов, недоконченных и неясных, и тотчас же засуетился, начал отбирать билеты, дорожные мешки, пледы, побежал отыскивать носильщика, подозвал карету; другие люди суетились вокруг него, и он радовался их присутствию, их шуму и крику. Татьяна отошла немного в сторону и, не переставая улыбаться, спокойно выжидала конца его торопливых распоряжений. Капитолина Марковна, напротив, не могла устоять на месте; ей все не верилось, что она наконец попала в Баден. Она вдруг закричала: "А зонтики? Таня, где зонтики?" - не замечая, что она крепко держала их под мышкой; потом начала громко и продолжительно прощаться с другой дамой, с которой познакомилась во время переезда из Гейдельберга в Баден. Дама эта была не кто иная, как известная нам г-жа Суханчикова. Она отлучалась в Гейдельберг на поклонение Губареву и возвращалась с "инструкциями". На Капитолине Марковне была довольно странная пестрая мантилья и круглая дорожная шляпка в виде гриба, из-под которой в беспорядке выбивались стриженые белые волосы; небольшого роста, худощавая, она раскраснелась от дороги и говорила по-русски пронзительным певучим голосом... Ее тотчас заметили.

Литвинов усадил наконец ее и Татьяну в карету и сам поместился против них. Лошади тронулись. Поднялись расспросы, возобновились пожатия рук, взаимные улыбки, приветы... Литвинов вздохнул свободно: первые мгновенья прошли благополучно. Ничего в нем, по-видимому, не поразило, не смутило Тани: она так же ясно и доверчиво смотрела, так же мило краснела, так же добродушно смеялась. Он наконец сам решился взглянуть, не вскользь и мельком, а прямо и пристально взглянуть на нее: до тех пор его собственные глаза ему не повиновались. Невольное умиление стиснуло его сердце: безмятежное выражение этого честного, открытого лица отдалось в нем горьким укором. "Вот - ты приехала сюда, бедная девушка, думал он, - ты, которую я так ждал и звал, с которою я всю жизнь хотел пройти до конца, ты приехала, ты мне поверила... а я... а я... " Литвинов наклонил голову; но Капитолина Марковна не дала ему задуматься; она осыпала его вопросами.

- Это что за строение с колоннами? Где тут играют? Это кто идет? Таня, Таня, посмотри, какие кринолины! А вот это кто? Здесь, должно быть, все больше француженки из Парижа? Господи, что за шляпка? Здесь все можно найти, как в Париже? Только, я воображаю, все ужасно дорого? Ах, с какою отличною, умною женщиной я познакомилась! Вы ее знаете, Григорий Михайлыч; она мне сказала, что встретилась с вами у одного русского, тоже удивительно умного. Она обещалась навещать нас. Как она всех этих аристократов отделывает - просто чудо! Это что за господин с седыми усами? Прусский король? Таня, Таня, посмотри, это прусский король. Нет? не прусский король? Голландский посланник? Я не слышу, колеса так стучат. Ах, какие чудесные деревья!

- Да, тетя, чудесные, - подтвердила Таня, - и как все здесь зелено, весело! Не правда ли, Григорий Михайлыч...

- Весело... - отвечал он сквозь зубы.

Карета остановилась наконец перед гостиницей. Литвинов проводил обеих путешественниц в удержанный для них нумер, обещал зайти через час и вернулся в свою комнату. Затихшее на миг очарование овладело им немедленно, как только он вступил в нее. Здесь, в этой комнате, со вчерашнего дня царствовала Ирина; все говорило о ней, самый воздух, казалось, сохранил тайные следы ее посещения... Литвинов опять почувствовал себя ее рабом. Он выхватил ее платок, спрятанный у него на груди, прижался к нему губами, и тонким ядом разлились по его жилам знойные воспоминания. Он понял, что тут уже нет возврата, нет выбора; горестное умиление, возбужденное в нем Татьяной, растаяло, как снег на огне, и раскаяние замерло... замерло так, что даже волнение в нем угомонилось и возможность притворства, представившись его уму, не возмущала его... Любовь, любовь Ирины - вот что стало теперь его правдой, его законом, его совестью... Предусмотрительный, благоразумный Литвинов даже не помышлял о том, как ему выбраться из положения, ужас и безобразие которого он и чувствовал как-то легко и словно со стороны.

Часа еще не протекло, как уже явился к Литвинову кельнер от имени новоприезжих дам: они просили его пожаловать к ним в общую залу. Он отправился вслед за посланцем и нашел их уже одетыми и в шляпках. Обе изъявили желание тотчас пойти осматривать Баден, благо погода была прекрасная. Особенно Капитолина Марковна так и горела нетерпением; она даже опечалилась немного, когда узнала, что час фешенебельного сборища перед Конверсационсгаузом еще не наступил. Литвинов взял ее под руку - и началась официальная прогулка. Татьяна шла рядом с теткой и с спокойным любопытством осматривалась кругом; Капитолина Марковна продолжала свои расспросы. Вид рулетки, осанистых крупиэ, которых она - встреть она их в другом месте - наверное, приняла бы за министров, вид их проворных лопаточек, золотых и серебряных кучек на зеленом сукне, игравших старух и расписных лореток привел Капитолину Марковну в состояние какого-то немотствующего исступления; она совсем позабыла, что ей следовало вознегодовать, - и только глядела, глядела во все глаза, изредка вздрагивая при каждом новом возгласе... Жужжание костяного шарика в углублении рулетки проникало ее до мозгу костей - и только очутившись на свежем воздухе, она нашла в себе довольно силы, чтобы, испустив глубокий вздох, назвать азартную игру безнравственною выдумкой аристократизма. На губах Литвинова появилась неподвижная, нехорошая улыбка; он говорил отрывисто и лениво, словно досадовал или скучал... Но вот он обернулся к Татьяне и втайне смутился: она глядела на него внимательно и с таким выражением, как будто сама себя спрашивала, какого рода впечатление возбуждалось в ней? Он поспешил кивнуть ей головой, она отвечала ему тем же и опять посмотрела на него вопросительно, не без некоторого напряжения, словно он стоял от нее гораздо дальше, чем то было на самом деле. Литвинов повел своих дам прочь от Конверсационсгауза и, минуя "русское дерево", под которым уже восседали две соотечественницы, направился к Лихтенталю. Не успел он вступить в аллею, как увидал издали Ирину.

Она шла к ним навстречу с своим мужем и Потугиным. Литвинов побледнел как полотно, однако не замедлил шагу и, поравнявшись с нею, отвесил безмолвный поклон. И она ему поклонилась любезно, но холодно и, быстро окинув глазами Татьяну, скользнула мимо... Ратмиров высоко приподнял шляпу, Потугин что-то промычал.

- Кто эта дама? - спросила вдруг Татьяна. Она до того мгновенья почти не раскрывала губ.

- Эта дама? - повторил Литвинов. Эта дама?.. Это некая госпожа Ратмирова.

- Русская?

- Да.

- Вы с ней здесь познакомились?

- Нет; я ее давно знаю.

- Какая она красивая!

- Заметила ты ее туалет? - вмешалась Капитолина Марковна. Десять семейств можно бы целый год прокормить на те деньги, которых стоят одни ее кружева! Это с ней шел ее муж? - обратилась она к Литвинову.

- Муж.

- Он, должно быть, ужасно богат?

- Право, не знаю; не думаю.

- А чин у него какой?

- Чин генеральский.

- Какие у нее глаза! - проговорила Татьяна. И выражение в них какое странное: и задумчивое, и проницательное... я таких глаз не видывала.

Литвинов ничего не отвечал; ему казалось, что он опять чувствует на лице своем вопрошающий взгляд Татьяны, но он ошибался: она глядела себе под ноги, на песок дорожки.

- Боже мой! Кто этот урод? - воскликнула вдруг Капитолина Марковна, указывая пальцем на низенький шарабан, в котором, нагло развалясь, лежала рыжая и курносая женщина в необыкновенно пышном наряде и лиловых чулках.

- Этот урод! Помилуйте, это известная мамзель Кора.

- Кто?

- Мамзель Кора... Парижская... знаменитость.

- Как? эта моська? Да ведь она пребезобразная?

- Видно, это не мешает.

Капитолина Марковна только руками развела.

- Ну ваш Баден! - промолвила она, наконец. - А можно тут на скамейке присесть? Я что-то устала.

- Конечно, можно, Капитолина Марковна... На то и скамейки поставлены.

- Да ведь господь вас знает! Вон, говорят, в Париже на бульварах тоже стоят скамейки, а сесть на них неприлично.

Литвинов ничего не возразил Капитолине Марковне; он только в это мгновенье сообразил, что в двух шагах оттуда находилось то самое место, где он имел с Ириной объяснение, которое все решило. Потом он вспомнил, что он сегодня заметил у ней на щеке небольшое розовое пятно...

Капитолина Марковна опустилась на скамейку, Татьяна села возле нее. Литвинов остался на дорожке; между им и Татьяной - или это ему только чудилось? - совершалось что-то... бессознательно и постепенно.

- Ах, она шутовка, шутовка, - произнесла Капитолина Марковна, с сожалением покачивая головой. Вот ее туалет продать, так не десять, а сто семейств прокормить можно. Видели вы, у ней под шляпкой, на рыжих-то на волосах, бриллианты? Это днем-то бриллианты, а?

- У ней волоса не рыжие, - заметил Литвинов, - она их красит в рыжий цвет, теперь это в моде.

Капитолина Марковна опять руками развела и даже задумалась.

- Ну, - проговорила она наконец, - у нас, в Дрездене, до такого скандала еще не дошло. Потому все-таки подальше от Парижа. Вы того же мнения, не правда ли, Григорий Михайлыч?

- Я? - отвечал Литвинов, а сам подумал: "О чем бишь это она?" - Я? Конечно... конечно...

Но тут послышались неторопливые шаги, и к скамейке приблизился Потугин.

- Здравствуйте, Григорий Михайлыч, - проговорил он, посмеиваясь и кивая головой.

Литвинов тотчас схватил его за руку - Здравствуйте, здравствуйте, Созонт Иваныч. Я, кажется, сейчас встретил вас с... вот сейчас, в аллее.

- Да, это был я.

Потугин почтительно поклонился сидевшим дамам.

- Позвольте вас представить, Созонт Иваныч. Мои хорошие знакомые, родственницы, только что приехали в Баден. Потугин, Созонт Иваныч, наш соотечественник, тоже баденский гость.

Обе дамы приподнялись немного. Потугин возобновил свои поклоны.

- Здесь настоящий раут, - начала тонким голоском Капитолина Марковна; добродушная старая девица легко робела, но пуще всего старалась не ударить в грязь лицом, - все считают приятным долгом побывать здесь.

- Баден, точно, приятное место, - ответил Потугин, искоса посматривая на Татьяну, - очень приятное место Баден.

- Да; только уж слишком аристократично, сколько я могу судить. Вот мы с ней жили в Дрездене все это время... очень интересный город; но здесь решительно раут.

"Понравилось словцо", - подумал Потугин. - Это вы совершенно справедливо изволили заметить, - произнес он громко, - зато природа здесь удивительная и местоположение такое, какое редко можно найти. Ваша спутница в особенности должна это оценить. Не правда ли, сударыня? - прибавил он, обращаясь на этот раз прямо к Татьяне.

Татьяна подняла на Потугина свои большие, ясные глаза. Казалось, она недоумевала, чего хотят от нее, и зачем Литвинов познакомил ее, в первый же день приезда, с этим неизвестным человеком, у которого, впрочем, умное и доброе лицо и который глядит на нее приветливо и дружелюбно.

- Да, - промолвила она наконец, - здесь очень хорошо.

- Вам надобно посетить Старый замок, - продолжал Потугин, - в особенности советую вам съездить в Ибург.

- Саксонская Швейцария, - начала было Капитолина Марковна...

Взрыв трубных звуков прокатился по аллее: это военный прусский оркестр из Раштадта (в 1862 году Раштадт был еще союзною крепостью) начинал свой еженедельный концерт в павильоне. Капитолина Марковна тотчас встала.

- Музыка! - промолвила она. Музыка a la Conversation!.. Надо туда идти. Ведь теперь четвертый час, не правда ли? Общество теперь собирается?

- Да, - отвечал Потугин, - теперь самый для общества модный час, и музыка прекрасная.

- Ну, так мешкать нечего. Таня, пойдем.

- Вы позволите сопровождать вас? - спросил Потугин, к немалому удивлению Литвинова: ему и в голову прийти не могло, что Потугина прислала Ирина. Капитолина Марковна осклабилась.

- С великим удовольствием, мсье... мсье...

- Потугин, - подсказал тот и предложил ей руку.

Литвинов подал свою Татьяне, и обе четы направились к Конверсационсгаузу.

Потугин продолжал рассуждать с Капитолиной Марковной. Но Литвинов шел, ни слова не говоря, и только раза два безо всякого повода усмехнулся и слабо прижал к себе руку Татьяны. Ложь была в этих пожатиях, на которые она не отвечала, и Литвинов сознавал эту ложь. Не взаимное удостоверение в тесном союзе двух отдавшихся друг другу душ выражали они, как бывало; они заменяли - пока - слова, которых он не находил. То безмолвное, что началось между ими обоими, росло и утверждалось. Татьяна опять внимательно, почти пристально посмотрела на него.

То же самое продолжалось и перед Конверсационсгаузом, за столиком, около которого они уселись все четверо, с тою только разницей, что при суетливом шуме толпы, при громе и треске музыки молчание Литвинова казалось более понятным. Капитолина Марковна пришла, как говорится, в совершенный азарт; Потугин едва успевал поддакивать ей, удовлетворять ее любопытству. На его счастье, в массе проходивших лиц внезапно появилась худощавая фигура Суханчиковой и блеснули ее вечно прыгающие глаза. Капитолина Марковна тотчас ее признала, подозвала ее к своему столику, усадила ее - и поднялась словесная буря.

Потугин обратился к Татьяне и начал беседовать с нею тихим и мягким голосом, с ласковым выражением на слегка наклоненном лице; и она, к собственному изумлению, отвечала ему легко и свободно; ей было приятно говорить с этим чужим, с незнакомцем, между тем как Литвинов по-прежнему сидел неподвижно, с тою же неподвижной и нехорошей улыбкой на губах.

Наступило наконец время обеда. Музыка умолкла, толпа стала редеть. Капитолина Марковна сочувственно простилась с Суханчиковой. Великое она к ней возымела уважение, хоть и говорила потом своей племяннице, что уж очень озлоблена эта особа; но зато все про всех ведает! А швейные машины действительно надо завести, как только отпразднуется свадьба. Потугин раскланялся; Литвинов повел своих дам домой. При входе в гостиницу ему вручили записку: он отошел в сторону и торопливо сорвал куверт. На небольшом клочке веленевой бумажки стояли следующие, карандашом начертанные слова: "Приходите сегодня вечером в семь часов ко мне на одну минуту, умоляю вас. Ирина". Литвинов сунул бумажку в карман и, обернувшись, усмехнулся опять... кому? зачем? Татьяна спиной к нему стояла. Обед происходил за общим столом. Литвинов сидел между Капитолиной Марковной и Татьяной и, как-то странно оживившись, разговаривал, рассказывал анекдоты, наливал вина себе и дамам. Он так развязно держал себя, что сидевший напротив французский пехотный офицер из Страсбурга, с эспаньолкой и усами а la Napoleon III, нашел возможным вмешаться в разговор и даже кончил тостом а la sante des belles moskovites! После обеда Литвинов проводил обеих дам в их комнату и, постояв немного у окна и насупившись, внезапно объявил, что должен отлучиться на короткое время по делу, но вернется к вечеру непременно. Татьяна ничего не сказала, побледнела и опустила глаза. Капитолина Марковна имела привычку спать после обеда; Татьяне было известно, что Литвинов знал эту привычку за ее теткой: она ожидала, что он этим воспользуется, что он останется, так как он с самого приезда еще не был наедине с нею, не поговорил с ней откровенно. И вот он уходит! Как это понять? И вообще все его поведение в течение дня...

Литвинов поспешил удалиться, не дожидаясь возражений; Капитолина Марковна легла на диван и, поохавши и вздохнувши раза два, заснула безмятежным сном, а Татьяна отошла в угол и села на кресло, крепко скрестив на груди руки.

XIX

Литвинов проворно всходил по лестнице Hotel de l'Europe... Девочка лет тринадцати, с калмыцким лукавым личиком, которая, по-видимому, его караулила, остановила его, сказавши ему по-русски: "Пожалуйте сюда; Ирина Павловна сейчас придут". Он посмотрел на нее с недоумением. Она улыбнулась, повторила: "Пожалуйте, пожалуйте", - и ввела его в небольшую комнату, находившуюся напротив Ирининой спальни и наполненную дорожными сундуками и чемоданами, а сама тотчас исчезла, легохонько притворивши дверь. Не успел Литвинов оглянуться, как та же дверь быстро распахнулась и в розовом бальном платье, с жемчугом в волосах и на шее, появилась Ирина. Она так и бросилась к нему, схватила его за обе руки и несколько мгновений оставалась безмолвной; глаза ее сияли и грудь поднималась, словно она взбежала на высоту.

- Я не могла принять... вас там, - начала она торопливым шепотом, - мы сейчас едем на званый обед, но я непременно хотела вас видеть... Ведь это ваша невеста была, с которой я вас встретила сегодня?

- Да, это была моя невеста, - проговорил Литвинов, упирая на слове "была".

- Так вот я хотела увидать вас на одну минуту, чтобы сказать вам, что вы должны считать себя совершенно свободным, что все то, что произошло вчера, не должно нисколько менять ваши решения...

- Ирина! - воскликнул Литвинов, - зачем ты это говоришь?

Он произнес эти слова громким голосом... Беззаветная страсть прозвучала в них. Ирина на миг невольно закрыла глаза.

- О, мой милый! - продолжала она шепотом еще более тихим, но с увлечением неудержимым, - ты не знаешь, как я тебя люблю, но вчера я только долг свой заплатила, я загладила прошедшую вину... Ах! я не могла отдать тебе мою молодость, как бы я хотела, но никаких обязанностей я не наложила на тебя, ни от какого обещания я не разрешила тебя, мой милый! Делай что хочешь, ты свободен как воздух, ты ничем не связан, знай это, знай!

- Но я не могу жить без тебя, Ирина, - перебил ее уже шепотом Литвинов, - я твой навек и навсегда со вчерашнего дня... Только у ног твоих могу я дышать...

Он трепетно припал к ее рукам. Ирина посмотрела на его наклоненную голову.

- Ну так знай же, - промолвила она, - что и я на все готова, что и я не пожалею никого и ничего. Как ты решишь, так и будет. Я тоже навек твоя... твоя.

Кто-то осторожно постучался в дверь. Ирина нагнулась, еще раз шепнула: "Твоя... прощай!" - Литвинов почувствовал на волосах своих ее дыхание, прикосновение ее губ. Когда он выпрямился, ее уже не было в комнате, только платье ее прошумело в коридоре и издали послышался голос Ратмирова: "Eh bien! Vous ne venez pas?".

Литвинов присел на высокий сундук и закрыл себе лицо. Женский запах, тонкий и свежий, повеял на него... Ирина держала его руки в своих руках. "Это слишком... слишком", - думалось ему. Девочка вошла в комнату и, снова улыбнувшись в ответ на его тревожный взгляд, промолвила:

- Извольте идти-с, пока...

Он встал и вышел из гостиницы. Нечего было и думать тотчас

возвратиться домой: надо было остепениться. Сердце в нем билось протяжно и неровно; земля, казалось, слабо двигалась под ногами. Литвинов опять отправился по Лихтенталевской аллее. Он понимал, что наступало мгновенье решительное, что откладывать дальше, скрываться, отворачиваться - становилось невозможным, что объяснение с Татьяной неизбежно; он представлял, как она там сидит и не шевелится и ждет его... он предчувствовал, что он ей скажет; но как приступить, как начать?

Он махнул рукой на все свое правильное, благоустроенное, добропорядочное будущее: он знал, что он бросается очертя голову в омут, куда и заглядывать не следовало... Но не это его смущало. То дело было поконченное, а как предстать перед своего судью? И хоть бы точно судья его встретил - ангел с пламенным мечом: легче было бы преступному сердцу... а то еще самому придется нож вонзать... Безобразно! А вернуться назад, отказаться от того, другого, воспользоваться свободой, которую ему сулят, которую признают за ним... Нет! лучше умереть! Нет, не надо той постылой свободы... а низвергнуться в прах, и чтобы те глаза с любовию склонились...

- Григорий Михайлыч!- промолвил чей-то печальный голос, и чья-то рука тяжело легла на Литвинова.

Он оглянулся не без испуга и узнал Потугина.

- Извините меня, Григорий Михайлыч, - начал тот с обычной своей ужимкой, - я, может быть, вас обеспокоил, но, увидав вас издали, я подумал... Впрочем, если вам не до меня...

- Напротив, я очень рад, - процедил сквозь зубы Литвинов.

Потугин пошел с ним рядом.

- Прекрасный вечер, - начал он, - так тепло! Вы давно гуляете?

- Нет, недавно.

- Да что же я спрашиваю; я видел, как вы шли из Hotel de l'Europe.

- Так вы за мной шли следом?

- Да.

- Вы имеете мне что сказать?

- Да, - чуть слышно повторил Потугин.

Литвинов остановился и посмотрел на своего непрошеного собеседника. Лицо его было бледно, глаза блуждали; давнишнее, старое горе, казалось, выступило на его искаженных чертах.

- Что же, собственно, такое вы хотите мне сказать? - медленно проговорил Литвинов и опять двинулся вперед.

- А вот позвольте... сейчас. Если вам все равно - присядемте вот тут на скамеечку. Здесь будет удобнее.

- Да это что-то таинственное, - промолвил Литвинов, садясь возле него. Вам словно не по себе, Созонт Иваныч.

- Нет, мне ничего; и таинственного тоже ничего нет. Я, собственно, хотел вам сообщить... то впечатление, которое произвела на меня ваша невеста... ведь она, кажется, ваша невеста?.. ну, словом, та девица, с которой вы меня сегодня познакомили. Я должен сказать, что я в течение всей своей жизни не встречал существа более симпатичного. Это золотое сердце, истинно ангельская душа. Потугин произнес все эти слова с тем же горьким и скорбным видом, так что даже Литвинов не мог не заметить странного противоречия между выражением его лица и его речами.

- Вы совершенно справедливо оценили Татьяну Петровну, - начал Литвинов, - хотя мне приходится удивляться, во-первых, тому, что вам известны мои отношения к ней, а во-вторых, и тому, как скоро вы ее разгадали. У ней, точно, ангельская душа; но позвольте узнать, вы об этом хотели со мной беседовать?

- Ее нельзя не разгадать тотчас, - подхватил Потугин, как бы уклоняясь от последнего вопроса, - стоит ей раз заглянуть в глаза. Она заслуживает всевозможного счастья на земле, и завидна доля того человека, которому придется доставить ей это счастье! Нужно желать, чтоб он оказался достойным подобной доли.

Литвинов нахмурился слегка.

- Позвольте, Созонт Иваныч, - промолвил он, - я, признаюсь, нахожу наш разговор вообще довольно оригинальным... Я хотел бы знать: намек, который содержат ваши слова, относится ко мне?

Потугин не тотчас отвечал Литвинову: он, видимо, боролся сам с собою.

- Григорий Михайлыч, - начал он наконец, - или я совершенно ошибся в вас, или вы в состоянии выслушать правду, от кого бы она ни шла и под какой бы невзрачной оболочкой она ни явилась. Я сейчас сказал вам, что видел, откуда вы шли.

- Ну да, из Hotel de l'Europe. Что же из того?

- Ведь я знаю, с кем вы там виделись!

- Как?

- Вы виделись с госпожой Ратмировой.

- Ну да, я был у ней. Что же далее?

- Что далее?.. Вы, жених Татьяны Петровны, вы виделись с госпожою Ратмировой, которую вы любите... и которая любит вас.

Литвинов мгновенно приподнялся со скамейки; кровь ударила ему в голову.

- Что это? - промолвил он наконец озлобленным, сдавленным голосом, плоская шутка, шпионство? Извольте объясниться.

Потугин бросил на него унылый взгляд.

- Ах! не оскорбляйтесь моими словами, Григорий Михайлыч; меня же вы оскорбить не можете. Не для того заговорил я с вами, и не до шуток мне теперь.

- Может быть, может быть. Я готов верить в чистоту ваших намерений; но я все-таки позволю себе спросить вас, с какого права вы вмешиваетесь в домашние дела, в сердечную жизнь чужого человека и на каком основании вы вашу... выдумку так самоуверенно выдаете за правду?

- Мою выдумку! Если б я это выдумал, вы бы не рассердились! А что до права, то я еще не слыхивал, чтобы человек поставил себе вопрос: имеет ли он право или нет протянуть руку утопающему.

- Покорно благодарю за заботливость, - подхватил запальчиво Литвинов, только я вовсе не нуждаюсь в ней, и все эти фразы о гибели, уготовляемой светскими дамами неопытным юношам, о безнравственности высшего света и так далее считаю именно за фразы и даже в некотором смысле презираю их; а потому прошу вас не утруждать своей спасительной десницы и преспокойно позволить мне утонуть.

Потугин опять поднял глаза на Литвинова. Он трудно дышал, губы его подергивало.

- Да посмотрите вы на меня, молодой человек, вырвалось у него наконец, и он стукнул себя в грудь, неужели я похож на дюжинного, самодовольного моралиста, на проповедника? Разве вы не понимаете, что из одного участия к вам, как бы сильно оно ни было, я бы слова не проронил, не дал бы вам права упрекнуть меня в том, что пуще всего мне ненавистно, - в нескромности, в назойливости? Разве вы не видите, что тут дело совсем другого рода, что перед вами человек разбитый, разрушенный, окончательно уничтоженный тем самым чувством, от последствий которого он желал бы предохранить вас, и... и к той же самой женщине!

Литвинов отступил шаг назад.

- Возможно ли! что вы сказали?.. Вы... вы... Созонт Иваныч? Но госпожа Бельская... этот ребенок...

- Ах, не расспрашивайте меня... верьте мне! То темная, страшная история, которую я вам рассказывать не стану. Госпожу Бельскую я почти не знал, ребенок этот не мой, а взял я все на себя... потому... потому что она того хотела, потому что ей это было нужно. Зачем бы я находился здесь, в вашем противном Бадене? И, наконец, неужели вы полагаете, неужели вы на одну минуту могли вообразить, что я из сочувствия к вам решился предостеречь вас? Мне жаль той доброй, хорошей девушки, вашей невесты, а впрочем, какое мне дело до вашей будущности, до вас обоих?.. Но я за нее боюсь... за нее.

- Много чести, господин Потугин, - начал Литвинов, - но так как мы, по вашим словам, находимся оба в одинаковом положении, то почему же вы самому себе не читаете подобных наставлений, и не должен ли я приписать ваши опасения другому чувству?

- То есть ревности, хотите вы сказать? Эх, молодой человек, молодой человек, стыдно вам финтить и лукавить, стыдно не понять, какое горькое горе говорит теперь моими устами. Нет, не в одинаковом мы положении с вами! Я, я, старый, смешной, вполне безвредный чудак... а вы! Да что тут толковать! Вы ни на одну секунду не согласились бы принять на себя ту роль, которую я разыгрываю, и разыгрываю с благодарностью! А ревность? Не ревнует тот, у кого нет хоть бы капли надежды, и не теперь бы мне пришлось испытать это чувство впервые. Мне только страшно... страшно за нее, поймите вы это. И мог ли я ожидать, когда она посылала меня к вам, что чувство вины, которую она признавала за собою, так далеко ее завлечет?

- Но позвольте, Созонт Иваныч, вы как будто знаете...

- Я ничего не знаю и знаю все. Я знаю, - прибавил он и отвернулся, - я знаю, где она была вчера. Но ее не удержать теперь: она, как брошенный камень, должна докатиться до дна. Я был бы еще большим безумцем, если бы вообразил, что слова мои тотчас удержат вас... вас, которому такая женщина... Но полно об этом. Я не мог переломить себя, вот все мое извинение. Да и, наконец, как знать и почему не попытаться? Может быть, вы одумаетесь; может быть, какое-нибудь мое слово западет вам в душу, вы не захотите погубить и ее, и себя, и то невинное, прекрасное существо... Ах! не сердитесь, не топайте ногой! Чего мне бояться, чего церемониться? Не ревность говорит во мне теперь, не досада... Я готов упасть к вашим ногам, умолять вас... А впрочем, прощайте. Не бойтесь, все это останется в тайне. -Я желал вам добра. Потугин зашагал по аллее и скоро исчез в уже надвигавшемся мраке... Литвинов его не удерживал. "Страшная, темная история... эх - говорил Потугин Литвинову и не хотел ее рассказывать... Коснемся и мы ее всего двумя словами. Лет за восемь перед тем ему пришлось быть временно прикомандированным от своего министерства к графу Рейзенбаху. Дело происходило летом. Потугин ездил к нему на дачу, с бумагами и проводил там целые дни. Ирина жила тогда у графа. Она никогда не гнушалась людей, низко поставленных, по крайней мере не чуждалась их, и графиня не раз пеняла ей за ее излишнюю, московскую фамильярность. Ирина скоро отгадала умного человека в этом скромном чиновнике, облеченном в мундирный, доверху застегнутый фрак. Она часто и охотно беседовала с ним... а он... он полюбил ее страстно, глубоко, тайно... Тайно! Он так думал. Прошло лето; граф перестал нуждаться в постороннем помощнике. Потугин потерял Ирину из виду, но забыть ее не мог. Года три спустя он совершенно неожиданно получил приглашение от одной мало знакомой ему дамы средней руки. Дама эта сперва немного затруднилась высказаться, но, взяв с него клятву сохранить все, что он услышит, в величайшем секрете, предложила ему... жениться на одной девице, которая занимала видное положение в свете и для которой свадьба стала необходимостью. На главное лицо дама едва решилась намекнуть и тут же обещала Потугину денег... много денег. Потугин не оскорбился, удивление заглушило в нем чувство гнева, но, разумеется, отказался наотрез. Тогда дама вручила ему записку к нему - от Ирины. "Вы благородный, добрый человек, - писала она, - и я знаю, вы для меня все сделаете; я прошу у вас этой жертвы. Вы спасете существо, мне дорогое. Спасая ее, вы спасете и меня... Не спрашивайте - как. Я ни к кому не решилась бы обратиться с подобною просьбой, но к вам я протягиваю руки и говорю вам: сделайте это для меня". Потугин задумался и сказал, что для Ирины Павловны он, точно, готов сделать многое, но хотел бы услышать ее желание из ее же уст. Свидание состоялось в тот же вечер; оно продолжалось недолго, и никто не знал о нем, кроме той дамы. Ирина не жила уже у графа Рейзенбаха.

- Почему вы вспомнили именно обо мне? - спросил ее Потугин.

Она начала было распространяться об его хороших качествах, да вдруг остановилась...

- Нет, - промолвила она, - вам надобно правду говорить. Я знала, я знаю, что вы меня любите, вот отчего я решилась... - И тут же рассказала ему все.

Эльза Бельская была сирота; родственники ее не любили и рассчитывали на ее наследство... Ей предстояла гибель. Спасая ее, Ирина действительно оказывала услугу тому, кто был всему причиной и кто сам теперь стал весьма близок к ней, к Ирине... Потугин молча, долго посмотрел на Ирину - и согласился. Она заплакала и вся в слезах бросилась ему на шею. И он заплакал... но различны были их слезы. Уже все приготовлялось к тайному браку, мощная рука устранила все препятствия... Но случилась болезнь... а там родилась дочь, а там мать... отравилась. Что было делать с ребенком? Потугин взял его на свое попечение из тех же рук, из рук Ирины.

Страшная, темная история... Мимо, читатель, мимо!

Больше часу прошло еще, прежде чем Литвинов решился вернуться в свою гостиницу. Он уже приближался к ней, как вдруг услышал шаги за собой. Казалось, кто-то упорно следил за ним и шел скорее, когда он прибавлял шагу. Подойдя под фонарь, Литвинов оглянулся и узнал генерала Ратмирова. В белом галстухе, в щегольском пальто нараспашку, с вереницей звездочек и крестиков на золотой цепочке в петле фрака, генерал возвращался с обеда, один. Взгляд его, прямо и дерзко устремленный на Литвинова, выражал такое презрение и такую ненависть, вся его фигура дышала таким настойчивым вызовом, что Литвинов почел своею обязанностью пойти, скрепя сердце, ему навстречу, пойти на "историю". Но, поравнявшись с Литвиновым, лицо генерала мгновенно изменилось: опять появилось на нем обычное игривое изящество, и рука в светло-лиловой перчатке высоко приподняла вылощенную шляпу. Литвинов молча снял свою, и каждый пошел своею дорогой.

"Верно, заметил что-нибудь!" - подумал Литвинов. "Хоть бы... другой кто-нибудь!" - подумал генерал. Татьяна играла в пикет с своею теткой, когда Литвинов вошел к ним в комнату.

- Однако хорош ты, мой батюшка! - воскликнула Капитолина Марковна и бросила карты на стол. В первый же день, да на целый вечер пропал! Уж мы ждали вас, ждали, бранили, бранили...

- Я, тетя, ничего не говорила, - заметила Татьяна.

- Ну, ты известная смиренница! Стыдитесь, милостивый государь! Еще жених!

Литвинов кое-как извинился и подсел к столу.

- Зачем же вы перестали играть? - спросил он после небольшого молчания.

- Вот тебе на! Мы с ней в карты от скуки играем, когда делать нечего... а теперь вы пришли.

- Если вам угодно послушать вечернюю музыку.. - промолвил Литвинов, - я с великою охотой провожу вас.

Капитолина Марковна посмотрела на свою племянницу.

- Пойдемте, тетя, я готова, - сказала та, - но не лучше ли остаться дома?

- И то дело! Будемте чай пить, по-нашему, по-московскому, с самоваром; да поболтаемте хорошенько. Мы еще не покалякали как следует.

Литвинов велел принести чаю, но поболтать хорошенько не удалось. Он чувствовал постоянное угрызение совести; что бы он ни говорил, ему все казалось, что он лжет и что Татьяна догадывается. А между тем в ней не замечалось перемены; она так же непринужденно держалась... только взор ее ни разу не останавливался на Литвинове, а как-то снисходительно и пугливо скользил по нем - и бледнее она была обыкновенного.

Капитолина Марковна спросила ее, не болит ли у ней голова?

Татьяна хотела было сперва отвечать, что нет, но, одумавшись, сказала: "Да, немножко".

- С дороги, - промолвил Литвинов и даже покраснел от стыда.

- С дороги, - повторила Татьяна, и взор ее опять скользнул по нем.

- Надо тебе отдохнуть, Танечка.

- Я и так скоро спать лягу, тетя.

На столе лежал "Guide des Voyageurs"; Литвинов принялся читать вслух описание баденских окрестностей.

- Все это так, - перебила его Капитолина Марковна, - но вот что не надо забыть. Говорят, здесь полотно очень дешево, так вот бы купить для приданого.

Татьяна опустила глаза.

- Успеем, тетя. Вы о себе никогда не думаете, а вам непременно надо сшить себе платье. Видите, какие здесь все ходят нарядные.

- Э, душа моя! к чему это? Что я за щеголиха! Добро бы я была такая красивая, как эта ваша знакомая, Григорий Михайлыч, как бишь ее?

- Какая знакомая?

- Да вот, что мы встречали сегодня.

- А, та! - с притворным равнодушием проговорил Литвинов, и опять гадко и стыдно стало ему. "Нет! - подумал он, - этак продолжать невозможно".

Он сидел подле своей невесты, а в нескольких вершках расстояния от нее, в боковом его кармане, находился платок Ирины.

Капитолина Марковна вышла на мипуту в другую комнату.

- Таня... - сказал с усилием Литвинов. Он в первый раз в тот день назвал ее этим именем.

Она обернулась к нему.

- Я... я имею сказать вам нечто очень важное.

- А! В самом деле? Когда? Сейчас?

- Нет, завтра.

- А! завтра. Ну, хорошо.

Бесконечная жалость мгновенно наполнила душу Литвинова. Он взял руку Татьяны и поцеловал ее смиренно, как виноватый; сердце в ней тихонько сжалось, и не порадовал ее этот поцелуй.

Ночью, часу во втором, Капитолина Марковна, которая спала в одной комнате с своей племянницей, вдруг приподняла голову и прислушалась.

- Таня! - промолвила она, - ты плачешь?

Татьяна не тотчас отвечала.

- Нет, тетя, - послышался ее кроткий голосок, - у меня насморк.

XX

"Зачем я это ей сказал?" - думал на следующее утро Литвинов, сидя у себя в комнате, перед окном. Он с досадой пожал плечами: он именно для того и сказал это Татьяне, чтоб отрезать себе всякое отступление. На окне лежала записка от Ирины; она звала его к себе к двенадцати часам. Слова Потугина беспрестанно приходили ему на память; они проносились зловещим, хотя слабым, как бы подземным гулом; он сердился и никак не мог отделаться от них. Кто-то постучался в дверь.

- Wer da? - спросил Литвинов.

- А! вы дома! Отоприте! - раздался хриплый бас Биндасова.

Ручка замка затрещала.

Литвинов побледнел со злости.

- Нет меня дома, - промолвил он резко.

- Как нет дома? Это еще что за штука?

- Говорят вам - нет дома; убирайтесь.

- Вот это мило! А я пришел было денежек поприсанять, - проворчал Биндасов.

Однако он удалился, стуча, по обыкновению, каблуками.

Литвинов чуть не выскочил ему вслед: до того захотелось ему намять шею противному наглецу. События последних дней расстроили его нервы: еще немного - и он бы заплакал. Он выпил стакан холодной воды, запер, сам не зная зачем, все ящики в мебелях и пошел к Татьяне.

Он застал ее одну. Капитолина Марковна отправилась по магазинам за покупками. Татьяна сидела на диване и держала обеими руками книжку: она ее не читала и едва ли даже знала, что это была за книжка. Она не шевелилась, но сердце сильно билось в ее груди, и белый воротничок вокруг ее шеи вздрагивал заметно и мерно.

Литвинов смутился... однако сел возле нее, поздоровался, улыбнулся: и она безмолвно ему улыбнулась. Она поклонилась ему, когда он вошел, поклонилась вежливо, не по-дружески - и не взглянула на него. Он протянул ей руку; она подала ему свои похолодевшие пальцы, тотчас высвободила их и снова взялась за книжку. Литвинов чувствовал, что начать беседу с предметов маловажных значило оскорбить Татьяну; она, по обыкновению, ничего не требовала, но все в ней говорило: "Я жду, я жду... " Надо было исполнить обещание. Но он - хотя почти всю ночь ни о чем другом не думал, - он не приготовил даже первых, вступительных слов и решительно не знал, каким образом перервать это жестокое молчание.

- Таня, - начал он наконец, - я сказал вам вчера, что имею сообщить вам нечто важное (он в Дрездене наедине с нею начинал говорить ей "ты", но теперь об этом и думать было нечего). Я готов, только прошу вас заранее не сетовать на меня и быть уверенной, что мои чувства к вам...

Он остановился. Ему дух захватило. Татьяна все не шевелилась и не глядела на него, только крепче прежнего стискивала книгу.

- Между нами, - продолжал Литвинов, не докончив начатой речи, - между нами всегда была полная откровенность; я слишком уважаю вас, чтобы лукавить с вами; я хочу доказать вам, что умею ценить возвышенность и свободу вашей душн, и хотя я... хотя, конечно...

- Григорий Михайлыч, - начала Татьяна ровным голосом, и все лицо ее покрылось мертвенною бледностью, я приду вам на помощь: вы разлюбили меня и не знаете, как мне это сказать.

Литвинов невольно вздрогнул.

- Почему же?.. - проговорил он едва внятно. Почему вы могли подумать?.. Я, право, не понимаю...

- Что же, не правда это? Не правда это, скажите? скажите?

Татьяна повернулась к Литвинову всем телом; лицо ее с отброшенными назад волосами приблизилось к его лицу, и глаза ее, так долго на него не глядевшие, так и впились в его глаза

- Не правда это? - повторила она.

Он ничего не сказал, не произнес ни одного звука. Он бы не мог солгать в это мгновение, если бы даже знал, что она ему поверит и что его ложь спасет ее; он даже взор ее вынести был не в силах. Литвинов ничего не сказал, но она уже не нуждалась в ответе; она прочла этот ответ в самом его молчании, в этих виноватых, потупленных глазах - и откинулась назад и уронила книгу... Она еще сомневалась до того мгновенья, и Литвинов это понял; он понял, что она еще сомневалась - и как безобразно, действительно безобразно было все, что он сделал!

Он бросился перед нею на колени.

- Таня, - воскликнул он, - если бы ты знала, как мне тяжело видеть тебя в этом положении, как ужасно мне думать, что это я... я! У меня сердце растерзано; я сам себя не узнаю; я потерял себя, и тебя, и все... Все разрушено, Таня, все! Мог ли я ожидать, что я... я нанесу такой удар тебе, моему лучшему другу, моему ангелу -хранителю!.. Мог ли я ожидатъ, что мы так с тобой увидимся, такой проведем день, каков был вчерашний!.. Татьяна хотела было встать и удалиться. Он удержал ее за край ее одежды.

- Нет, выслушай меня еще минуту. Ты видишь, я перед тобою на коленях, но не прощения пришел я просить - ты не можешь и не должна простить меня, я пришел тебе сказать, что друг твой погиб, что он падает в бездну и не хочет увлекать тебя с собою... А спасти меня... нет!даже ты не можешь спасти меня. Я сам бы оттолкнул тебя... Я погиб, Таня, я безвозвратно погиб! Татьяна посмотрела на Литвинова.

- Вы погибли? - проговорила она, как бы не вполне его понимая. Вы погибли?

- Да, Таня, я погиб. Все прежнее, все дорогое, все, чем я доселе жил, погибло для меня; все разрушено, все порвано, и я не знаю, что меня ожидает впереди. Ты сейчас мне сказала, что я разлюбил тебя... Нет, Таня, я не разлюбил тебя, но другое, страшное, неотразимое чувство налетело, нахлынуло на меня. Я противился, пока мог.

Татьяна встала; ее брови сдвинулись; бледное лицо потемнело. Литвинов тоже поднялся.

- Вы полюбили другую женщину, - начала она, - и я догадываюсь, кто она... Мы с ней вчера встретились, не правда ли?.. Что ж! Я знаю, что мне теперь остается делать. Так как вы сами говорите, что это чувство в вас неизменно... (Татьяна остановилась на миг; быть может, она еще надеялась, что Литвинов не пропустит этого последнего слова без возражения, но он ничего не сказал) то мне остается возвратить вам... ваше слово.

Литвинов наклонил голову, как бы с покорностью принимая заслуженный удар.

- Вы имеете право негодовать на меня, промолвил он, - вы имеете полное право упрекать меня в малодушии... в обмане.

Татьяна снова посмотрела на него.

- Я не упрекала вас, Литвинов, я не обвиняю вас. Я с вами согласна: самая горькая правда лучше того, что происходило вчера. Что за жизнь теперь была бы наша!

"Что за жизнь будет моя теперь!" - скорбно отозвалось в душе Литвинова.

Татьяна приблизилась к двери спальни.

- Я вас прошу оставить меня одну на несколько времени, Григорий Михайлыч, - мы еще увидимся, мы еще потолкуем. Все это было так неожиданно. Мне надо немного собраться с силами... оставьте меня... пощадите мою гордость. Мы еще увидимся.

И, сказав эти слова, Татьяна проворно удалилась и заперла за собою дверь на ключ.

Литвинов вышел на улицу как отуманенный, как оглушенный; что-то темное и тяжелое внедрилось в самую глубь его сердца; подобное ощущение должен испытать человек, зарезавший другого, и между тем легко ему становилось, как будто он сбросил, наконец, ненавистную ношу. Великодушие Татьяны его уничтожило, он живо чувствовал все, что он терял... И что же? К раскаянию его примешивалась досада; он стремился к Ирине как к единственно оставшемуся убежищу - и злился на нее. С некоторых пор и с каждым днем чувства Литвинова становились все сложнее и запутаннее; эта путаница мучила, раздражала его, он терялся в этом хаосе. Он жаждал одного: выйти наконец на дорогу, на какую бы то ни было, лишь бы не кружиться более в этой бестолковой полутьме. Людям положительным, вроде Литвинова, не следовало бы увлекаться страстью; она нарушает самый смысл их жизни... Но природа не справляется с логикой, с нашей человеческою логикой: у ней есть своя, которую мы не понимаем и не признаем до тех пор, пока она нас, как колесом, не переедет.

Расставшись с Татьяной, Литвинов держал одно в уме: увидеться с Ириной; он и отправился к ней. Но генерал был дома, так, по крайней мере, сказал ему швейцар, и он не захотел войти, он не чувствовал себя в состоянии притвориться и поплелся к Конверсационсгаузу. Неспособность Литвинова притворяться в этот день испытали на себе и Ворошилов и Пищалкин, которые попались ему навстречу: он так и брякнул одному, что он пуст, как бубен, другому, что он скучен до обморока; хорошо еще, что Биндасов не подвернулся: наверное, произошел бы "grosser Scandal". Оба молодые человека изумились; Ворошилов даже вопрос себе поставил: не требует ли офицерская честь удовлетворения? - но, как гоголевский поручик Пирогов, успокоил себя в кофейной бутербродами. Литвинов увидал издали Капитолину Марковну, хлопотливо перебегавшую в своей пестрой мантилье из лавки в лавку... Совестно стало ему перед доброю, смешною, благородною старушкой. Потом он вспомнил о Потугине, о вчерашнем разговоре... Но вот что-то повеяло на него, что-то неосязаемое и несомненное; если бы дуновение шло от падающей тени, оно бы не было неуловимее, но он тотчас почувствовал, что это приближалась Ирина. Действительно: она появилась в нескольких шагах от него под руку с другой дамой; глаза их тотчас встретились. Ирина, вероятно, заметила что-то особенное в выражении лица у Литвинова; она остановилась перед лавкой, в которой продавалось множество крошечных деревянных часов шварцвальдского изделия, подозвала его к себе движением головы и, показывая ему одни из этих часиков, прося его полюбоваться миловидным циферблатом с раскрашенной кукушкой наверху, промолвила не шепотом, а обыкновенным своим голосом, как бы продолжая начатую фразу, - оно меньше привлекает внимание посторонних:

- Приходите через час, я буду дома одна.

Но тут подлетел к ней известный дамский угодник мсье Вердие и начал приходить в восторг от цвета feuille morte ее платья, от ее низенькой испанской шляпки, надвинутой на самые брови... Литвинов исчез в толпе.

XXI

- Григорий, - говорила ему два часа спустя Ирина, сидя возле него на кушетке и положив ему обе руки на плечо, - что с тобой? Скажи мне теперь, скорее, пока мы одни.

- Со мною? - промолвил Литвинов. Я счастлив, счастлив, вот что со мной.

Ирина потупилась, улыбнулась, вздохнула.

- Это не ответ на мой вопрос, мой милый.

Литвинов задумался.

- Ну так знай же... так как ты этого непременно требуешь (Ирина широко раскрыла глаза и слегка отшатнулась), я сегодня все сказал моей невесте.

- Как все? Ты меня назвал?

Литвинов даже руками всплеснул.

- Ирина, ради бога, как могла тебе такая мысль в голову прийти! чтобы я...

- Ну извини меня... извини меня. Что же ты сказал?

- Я сказал ей, что я не люблю ее более.

- Она спросила, почему?

- Я не скрыл от нее, что я полюбил другую и что мы должны расстаться.

- Ну... и что же она? Согласна?

- Ах, Ирина! что это за девушка! Она вся самоотвержение, вся благородство.

- Верю, верю... впрочем, ей другого ничего и не оставалось.

- И ни одного упрека, ни одного горького слова мне, человеку, который испортил всю ее жизнь, обманул ее, бросил безжалостно...

Ирина рассматривала свои ногти.

- Скажи мне, Григорий... она тебя любила?

- Да, Ирина, она любила меня.

Ирина помолчала, оправила платье.

- Признаюсь, - начала она, - я хорошенько не понимаю, зачем это тебе вздумалось с нею объясняться?

- Как зачем, Ирина! Неужели бы ты хотела, чтоб я лгал, притворялся перед нею, перед этою чистою душой? Или ты полагала...

- Я ничего не полагала, - перебила Ирина. Я, каюсь, мало о ней думала... Я не умею думать о двух людях разом.

- То есть ты хочешь сказать...

- Ну и что ж? Она уезжает, эта чистая душа? - вторично перебила Ирина.

- Я ничего не знаю, - отвечал Литвинов. Я еще должен увидаться с ней. Но она не останется.

- А! счастливый путь!

- Нет, она не останется. Впрочем, я теперь тоже не о ней думаю, я думаю о том, что ты мне сказала, что ты обещала мне.

Ирина исподлобья посмотрела на него.

- Неблагодарный! ты еще не доволен?

- Нет, Ирина, я не доволен. Ты меня осчастливила, но я не доволен, и ты меня понимаешь.

- То есть я...

- Да, ты понимаешь меня. Вспомни твои слова, вспомни, что ты мне писала. Я не могу делиться с другим, нет, нет, я не могу согласиться на жалкую роль тайного любовника, я не одну мою жизнь, я и другую жизнь бросил к твоим ногам, я от всего отказался, я все разбил в прах, без сожаления и без возврата, но зато я верю, я твердо убежден, что и ты сдержишь свое обещание и соединишь навсегда твою участь с моею...

- Ты хочешь, чтоб я бежала с тобою? Я готова... (Литвинов восторженно припал к ее рукам.) Я готова, я не отказываюсь от своего слова. Но ты сам обдумал ли те затруднения... приготовил ли средства?

- Я? Я еще ничего не успел ни обдумать, ни приготовить, но скажи только: да, позволь мне действовать, и месяца не пройдет...

- Месяца! Мы через две недели уезжаем в Италию.

- Мне и двух недель достаточно. О Ирина! ты как будто холодно принимаешь мое предложение, быть может, оно кажется тебе мечтательным, но я не мальчик, я не привык тешиться мечтами, я знаю, какой это страшный шаг, знаю, какую я беру на себя ответственность; но я не вижу другого исхода. Подумай наконец, мне уже для того должно навсегда разорвать все связи с прошедшим, чтобы не прослыть презренным лгуном в глазах той девушки, которую я в жертву тебе принес!

Ирина вдруг выпрямилась, и глаза ее засверкали.

- Ну уж извините, Григорий Михайлыч! Если я решусь, если я убегу, так убегу с человеком, который это сделает для меня, собственно для меня, а не для того, чтобы не уронить себя во мнении флегматической барышни, у которой в жилах вместо крови вода с молоком, du lait coupé! И еще скажу я вам: мне, признаюсь, в первый раз довелось услышать, что тот, к кому я благосклонна, достоин сожаления, играет жалкую роль! Я знаю роль более жалкую: роль человека, который сам не знает, что происходит в его душе!

Литвинов выпрямился в свою очередь.

- Ирина, - начал было он...

Но она вдруг прижала обе ладони ко лбу и, с судорожным порывом бросившись ему на грудь, обняла его с неженскою силой.

- Прости меня, прости меня, - заговорила она трепетным голосом, - прости меня, Григорий. Ты видишь, как я испорчена, какая я гадкая, ревнивая, злая! Ты видишь, как я нуждаюсь в твоей помощи, в твоем снисхождении! Да, спаси меня, вырви меня из этой бездны, пока я не совсем еще погибла! Да, убежим, убежим от этих людей, от этого света в какой-нибудь далекий, прекрасный, свободный край! Быть может, твоя Ирина станет, наконец, достойнее тех жертв, которые ты ей приносишь! Не сердись на меня, прости меня, мой милый, - и знай, что я сделаю все, что ты прикажешь, пойду всюду, куда ты меня поведешь!

Сердце перевернулось в Литвинове. Ирина сильнее прежнего прижималась к нему всем своим молодым и гибким телом. Он нагнулся к ее душистым рассыпанным волосам и, в опьянении благодарности и восторга, едва дерзал ласкать их рукой, едва касался до них губами.

- Ирина, Ирина, - твердил он, - мой ангел..

Она внезапно приподняла голову, прислушалась...

- Это шаги моего мужа... он вошел в свою комнату, - прошептала она и, проворно отодвинувшись, пересела на кресло. Литвинов хотел было встать... - Куда же ты? - продолжала она тем же шепотом, - останься, он уже и так тебя подозревает. Или ты боишься его? - Она не спускала глаз с двери. Да, это он; он сейчас сюда придет. Рассказывай мне что-нибудь, говори со мною. - Литвинов не мог тотчас найтись и молчал. Вы не пойдете завтра в театр? - произнесла она громко. Дают "Le Verre d'eau", устарелая пиеса, и Плесси ужасно кривляется... Мы точно в лихорадке, - прибавила она, понизив голос, - этак нельзя; это надо хорошенько обдумать. Я должна предупредить тебя, что все мои деньги у него; mais j'ai mes bijoux. Уедем в Испанию, хочешь? - Она снова возвысила голос. Отчего это все актрисы толстеют? Вот, хоть Madeleine Brohan... Да говори же, не сиди так молча. У меня голова кружится. Но ты не должен сомневаться во мне... Я тебе дам знать, куда тебе завтра прийти. Только ты напрасно сказал той барышне... Ah, mais c'est charmant! - воскликнула она вдруг и, засмеявшись нервически, оборвала оборку платка.

- Можно войти? - спросил из другой комнаты Ратмиров.

- Можно... можно.

Дверь отворилась, и на пороге появился генерал. Он поморщился при виде Литвинова, однако поклонился ему, то есть качнул верхнею частью корпуса.

- Я не знал, что у тебя гость, - промолвил он, je vous demande pardon de mon indiscretion. А вас Баден все еще забавляет, мсье... Литвинов?

Ратмиров всегда произносил фамилию Литвинова с запинкой, точно он всякий раз забывал, не тотчас припоминал ее... Этим да еще преувеличенно приподнятою шляпой при поклоне он думал его уязвить.

- Я здесь не скучаю, мсье le general.

- В самом деле? А мне Баден страшно приелся. Мы скоро отсюда уезжаем, не правда ли, Ирина Павловна? Assez de Bade comme ca. Впрочем, я на ваше счастье сегодня пятьсот франков выиграл.

Ирина кокетливо протянула руку.

- Где ж они? Пожалуйте. На булавки.

- За мной, за мной... А вы уже уходите, мсье... Литвинов.

- Да-с, ухожу, как изволите видеть.

Ратмиров опять качнул корпусом.

- До приятного свидания!

- Прощайте, Григорий Михайлыч, - промолвила Ирина. А я сдержу свое обещание.

- Какое? Можно полюбопытствовать? - спросил ее муж.

Ирина улыбнулась.

- Нет, это так... между нами. C'est à propos du voyage où il vous plaira. Ты знаешь - сочинение Сталя?

- А! как же, как же, знаю. Премилые рисунки.

Ратмиров казался в ладах с женою: он говорил ей "ты".

XXII

"Уж лучше не думать, право, - твердил Литвинов, шагая по улице и чувствуя, что внутренняя возня снова поднимается в нем. Дело решенное. Она сдержит свое обещание, и мне остается принять все нужные меры... Но она словно сомневается... " Он встряхнул головой. Ему самому в странном свете представлялись собственные намерения; чем-то натянутым и неправдоподобным отзывались они. Нельзя долго носиться с одними и теми же мыслями: они передвигаются постепенно, как стеклышки калейдоскопа... смотришь: уж образы совсем не те перед глазами. Ощущение глубокой усталости овладело Литвиновым... Отдохнуть бы хоть часик... Но Таня? Он встрепенулся и, уже не рассуждая, покорно побрел домой, и только в голову ему пришло, что его сегодня как мяч перебрасывает от одной к другой... Все равно: надо было покончить. Он вернулся в гостиницу и так же покорно, почти бесчувственно, без колебания и замедления, отправился к Татьяне.

Его встретила Капитолина Марковна. С первого взгляда на нее он уже знал, что ей все было известно: глаза бедной девицы опухли от слез, и окаймленное взбитыми белыми локонами покрасневшее лицо выражало испуг и тоску негодования, горя и безграничного изумления. Она устремилась было к Литвинову, но тут же остановилась и, закусив трепетавшие губы, глядела на него так, как будто и умолить его хотела, и убить, и увериться, что все это сон, безумие, невозможное дело, не правда ли?

- Вот вы... вы пришли, пришли, - заговорила она... Дверь из соседней

109

комнаты мгновенно распахнулась - и до прозрачности бледная, но спокойная, легкою походкой вошла Татьяна.

Она тихонько обняла тетку одною рукой и посадила ее возле себя.

- Сядьте и вы, Григорий Михайлыч, - сказала она Литвинову, который стоял, как потерянный, у двери. Я очень рада, что еще раз вижусь с вами. Я сообщила тетушке ваше решение, наше общее решение, она вполне его разделяет и одобряет... Без взаимной любви не может быть счастья, одного взаимного уважения недостаточно (при слове "уважение" Литвинов невольно потупился) и лучше расстаться прежде, чем раскаиваться потом. Не правда ли, тетя?

- Да, конечно, - начала Капитолина Марковна, - конечно, Танюша, тот, кто не умеет оценить тебя... кто решился.

- Тетя, тетя, - перебила ее Татьяна, - помните, что вы мне обещали. Вы сами мне всегда говорили: правда, Татьяна, правда прежде всего - и свобода. Ну, а правда не всегда сладка бывает, и свобода тоже; а то какая была бы наша заслуга?

Она нежно поцеловала Капитолину Марковну в ее белые волосы и, обратившись к Литвинову, продолжала:

- Мы с тетей положили уехать из Бадена... Я думаю, для всех нас этак будет лучше.

- Когда вы думаете уехать? - глухо проговорил Литвинов.

Он вспомнил, что те же самые слова ему недавно сказала Ирина.

Капитолина Марковна подалась было вперед, но Татьяна удержала ее, ласково коснувшись ее плеча.

- Вероятно, скоро, очень скоро.

- И позволите ли вы мне спросить, куда вы намерены ехать? - тем же голосом проговорил Литвинов.

- Сперва в Дрезден, потом, вероятно, в Россию.

- Да на что же вам теперь это нужно знать, Григорий Михайлыч?.. - воскликнула Капитолина Марковна.

- Тетя, тетя, - вмешалась опять Татьяна.

Наступило небольшое молчание.

- Татьяна Петровна, - начал Литвинов, - вы понимаете, какое мучительно-тяжелое и скорбное чувство я должен испытывать в это мгновение...

Татьяна встала.

- Григорий Михайлыч, - промолвила она, - не будемте говорить об этом... Пожалуйста, прошу вас, если не для вас, так для меня. Я не со вчерашнего дня вас знаю и хорошо могу себе представить, что вы должны чувствовать теперь. Но к чему говорить, к чему растравливать...

(Она остановилась: видно было, что она хотела переждать поднявшееся в ней волнение, поглотить уже накипавшие слезы; ей это удалось.) К чему растравливать рану, которую нельзя излечить? Предоставимте это времени. А теперь у меня до вас просьба, Григорий Михайлыч; будьте так добры, я вам дам сейчас письмо: отнесите это письмо на почту сами, оно довольно важно, а нам с тетей теперь некогда... Я вам очень буду благодарна. Подождите минутку... я сейчас.

На пороге двери Татьяна с беспокойством оглянулась на Капитолину Марковну; но она так важно и чинно сидела, с таким строгим выражением в нахмуренных бровях и крепко сжатых губах, что Татьяна только головой ей кивнула и вышла.

Но едва лишь дверь за ней закрылась, как всякое выражение важности и строгости мгновенно исчезло с лица Капитолины Марковны: она встала, на цыпочках подбежала к Литвинову и, вся сгорбившись и стараясь заглянуть ему в глаза, заговорила трепетным, слезливым шепотом.

- Господи боже мой, - заговорила она, - Григорий Михайлыч, что ж это такое: сон это, что ли? Вы отказываетесь от Тани, вы ее разлюбили, вы изменяете своему слову! Вы это делаете, Григорий Михайлыч, вы, на кого мы все надеялись, как на каменную стену! Вы? Вы? Вы? Ты, Гриша?.. - Капитолина Марковна остановилась. Да ведь вы ее убьете, Григорий Михайлыч, - продолжала она, не дождавшись ответа, а слезы так и покатились мелкими капельками по ее щекам. Вы не смотрите на нее, что она теперь храбрится, вы ведь знаете, какой у ней нрав! Она никогда не жалуется; она себя не жалеет, так другие должны ее жалеть! Вот она теперь мне толкует: "Тетя, надо сохранить наше достоинство!", а какое тут достоинство, когда я смерть, смерть предвижу... - Татьяна стукнула стулом в соседней комнате. Да, смерть предвижу, - подхватила еще тише старушка. И что такое могло сделаться? Приворожили вас, что ли? Давно ли вы писали ей самые нежные письма? Да и, наконец, разве честный человек так может поступать? Я, вы знаете, женщина без всяких предрассудков, esrit fort, я и Тане дала такое же воспитание, у ней тоже свободная душа...

- Тетя! - раздался из соседней комнаты голос Татьяны.

- Но честное слово - это долг, Григорий Михайлыч. Особенно для людей с вашими, с нашими правилами! Коли мы долга признавать не будем, что ж у нас останется? Этого нельзя нарушать - так, по собствешюй прихоти, не соображаясь с тем, что каково, мол, другому! Это бессовестно... да, это - преступление; какая же это свобода!

- Тетя, поди сюда, пожалуйста, - послышалось снова.

- Сейчас, душа моя, сейчас... - Капитолина Марковна схватила Литвинова за руку. Я вижу, вы сердитесь, Григорий Михайлыч... ("Я?! я сержусь?!" - хотелось ему воскликнуть, но язык его онемел.) Я не хочу сердить вас - о господи! до того ли мне! - я, напротив, просить вас хочу: одумайтесь, пока есть время, не губите ее, не губите собственного счастия, она еще поверит вам, Гриша, она поверит тебе, ничего еще не пропало; ведь она тебя любит так, как никто, никогда не полюбит тебя! Брось этот ненавистный Баден-Баден, уедем вместе, выйдь только из-под этого волшебства, а главное: пожалей, пожалей.

- Да тетя, - промолвила Татьяна с оттенком нетерпения в голосе.

Но Капитолина Марковна не слушала ее.

- Скажи только "да!" - твердила она Литвинову-а уж я все улажу... Ну хоть головой мне кивни! головкой-то хоть разочек, вот так!

Литвинов охотно, кажется, умер бы в эту минуту; но слова "да!" он не произнес; и головой он не кивнул.

С письмом в руке появилась Татьяна. Капитолина Марковна тотчас отскочила от Литвинова и, отвернув лицо в сторону, низко нагнулась над столом, как бы рассматривая лежавшие на нем счеты и бумаги.

Татьяна приблизилась к Литвинову.

- Вот, - сказала она, - то письмо, о котором я вам говорила... Вы сейчас пойдете на почту, не правда ли?

Литвинов поднял глаза... Перед ним действительно стоял его судья. Татьяна показалась ему выше, стройнее; просиявшее небывалою красотой лицо величаво окаменело, как у статуи; грудь не поднималась, и платье, одноцветное и тесное, как хитон, падало прямыми, длинными складками мраморных тканей к ее ногам, которые оно закрывало. Татьяна глядела прямо перед собой, не на одного только Литвинова, и взгляд ее, ровный и холодный, был также взглядом статуи. Он прочел в нем свой приговор; наклонился, взял письмо из неподвижно протянутой к нему руки и удалился молча.

Капитолина Марковна бросилась к Татьяне, но та отклонила ее объятия и опустила глаза, краска распространилась по ее лицу, и с словами: "Ну, теперь скорее!" - она вернулась в спальню; Капитолина Марковна последовала за ней, повесив голову.

На письме, врученном Литвинову Татьяной, стоял адрес одной ее дрезденской приятельницы, немки, которая отдавала внаем небольшие меблированные квартиры. Литвинов опустил письмо в ящик, и ему показалось, что вместе с этим маленьким клочком бумажки он все свое прошедшее, всю жизнь свою опустил в могилу. Он вышел за город и долго бродил по узким тропинкам между виноградниками; он не мог отбиться, как от жужжания назойливой летней мухи, от постоянного ощущения презрения к самому себе: уж очень незавидную роль разыграл он в этом последнем свидании... А когда он вернулся в гостиницу и спустя несколько времени осведомился о своих дамах, ему ответили, что они тотчас после его ухода велели отвезти себя на железную дорогу и отправились с почтовым поездом неизвестно куда. Вещи их были уложены и счеты уплачены с утра. Татьяна попросила Литвинова отнести письмо на почту, очевидно, с целью удалить его. Он попытался спросить швейцара, не оставили ли эти дамы на его имя записки; но швейцар отвечал отрицательно и даже изумился; видно было, что и ему этот внезапный отъезд с нанятой за неделю квартиры казался сомнительным и странным. Литвинов повернулся к нему спиной и заперся у себя в комнате.

Он не выходил из нее до следующего дня: большую часть ночи он просидел за столом, писал и рвал написанное... Заря уже занималась, когда он окончил свою работу, - то было письмо к Ирине.

XXIII

Вот что стояло в этом письме к Ирине:

"Моя невеста уехала вчера: мы с ней никогда больше не увидимся... я даже не знаю наверное, где она жить будет. Она унесла с собою все, что мне до сих пор казалось желанным и дорогим; все мои предположения, планы, намерения исчезли вместе с нею; самые труды мои пропали, продолжительная работа обратилась в ничто, все мои занятия не имеют никакого смысла и применения; все это умерло, мое я, мое прежнее я умерло и похоронено со вчерашнего дня. Я это ясно чувствую, вижу, знаю... и нисколько об этом не жалею. Не для того, чтобы жаловаться, заговорил я об этом с тобою... Мне ли жаловаться, когда ты меня любишь, Ирина! Я только хотел сказать тебе, что из всего этого мертвого прошлого, изо всех этих - в дым и прах обратившихся - начинаний и надежд осталось одно живое, несокрушимое: моя любовь к тебе. Кроме этой любви, у меня ничего нет и не осталось; назвать ее моим единственным сокровищем было бы недостаточно; я весь в этой любви, эта любовь - весь я; в ней мое будущее, мое призвание, моя святыня, моя родина! Ты меня знаешь, Ирина, ты знаешь, что всякая фраза мне чужда и противна, и, как ни сильны слова, в которых я стараюсь выразить мое чувство, ты не заподозришь их искренности, ты не найдешь их преувеличенными. Не мальчик в порыве минутного восторга лепечет пред тобою необдуманные клятвы, а человек, уже испытанный летами, просто и прямо, чуть не с ужасом, высказывает то, что он признал несомненною правдой. Да, любовь твоя все для меня заменила - все, все! Суди же сама: могу ли я оставить это все в руках другого, могу ли я позволить ему располагать тобою? Ты, ты будешь принадлежать ему, все существо мое, кровь моего сердца будет принадлежать ему - а я сам... где я? что я?

В стороне, зрителем... зрителем собственной жизни! Нет, это

113

невозможно, невозможно! Участвовать, украдкой участвовать в том, без чего незачем, невозможно дышать... это ложь и смерть. Я знаю, какой великой жертвы я требую от тебя, не имея на то никакого права, да и что может дать право на жертву? Но не из эгоизма поступаю я так: эгоисту было бы легче и спокойнее не поднимать вовсе этого вопроса. Да, требования мои тяжелы, и я не удивлюсь, если они тебя испугают. Тебе ненавистны люди, с которыми ты жить должна, ты тяготишься светом, но в силах ли ты бросить этот самый свет, растоптать венец, которым он тебя венчал, восстановить против себя общественное мнение, мнение тех ненавистных людей? Вопроси себя, Ирина, не бери на себя ношу не по плечам. Я не хочу упрекать тебя, но помни: ты уже раз не устояла против обаяния. Я так мало могу тебе дать взамен того, что ты потеряешь! Слушай же мое последнее слово: если ты не чувствуешь себя в состоянии завтра же, сегодня же все оставить и уйти вслед за мною - видишь, как я смело говорю, как я себя не жалею, - если тебя страшит неизвестность будущего, и отчуждение, и одиночество, и порицание людское, если ты не надеешься на себя, одним словом - скажи мне это откровенно и безотлагательно, и я уйду; я уйду с растерзанною душою, но благословлю тебя за твою правду. Если же ты, моя прекрасная, лучезарная царица, действительно полюбила такого маленького и темного человека, каков я, и действительно готова разделить его участь - ну, так дай мне руку и отправимся вместе в наш трудный путь! Только знай, мое решение несомненно: или все, или ничего! Это безумно... но я не могу иначе, не могу, Ирина! Я слишком сильно тебя люблю.

Твой Г. Л. "

Письмо это не очень понравилось самому Литвинову; оно не совсем верно и точно выражало то, что он хотел сказать; неловкие выражения, то высокопарные, то книжные, попадались в нем, и, уж конечно, оно не было лучше многих других, им изорванных писем; но оно пришлось последним, главное все-таки было высказано - и, усталый, измученный, Литвинов не чувствовал себя способным извлечь что-нибудь другое из своей головы. К тому же он не обладал умением литературно изложить всю мысль и, как все люди, которым это не в привычку, заботился о слоге. Первое его письмо было, вероятно, самым лучшим: оно горячее вылилось из сердца. Как бы то ни было, Литвинов отправил к Ирине свое послание.

Она отвечала ему коротенькою запиской.

"Приходи сегодня ко мне, - писала она ему: - он отлучился на целый день. Твое письмо меня чрезвычайно взволновало. Я все думаю, думаю... и голова кружится от дум. Мне очень тяжело, но ты меня любишь, и я счастлива. Приходи.

Твоя И. "

Она сидела у себя в кабинете, когда Литвинов вошел к ней. Его ввела та же тринадцатилетняя девочка, которая накануне караулила его на лестнице. На столе перед Ириной стоял раскрытый полукруглый картон с кружевами; она рассеянно перебирала их одною рукой, в другой она держала письмо Литвинова. Она только что перестала плакать: ресницы ее смокли и веки припухли: на щеках виднелись следы неотертых слез. Литвинов остановился на пороге: она не заметила его входа.

- Ты плачешь? - проговорил он с изумлением.

Она встрепенулась, провела рукой по волосам и улыбнулась.

- Отчего ты плачешь? - повторил Литвинов. Она молча показала ему на письмо. Так ты от этого... - промолвил он с расстановкой.

- Подойди сюда, сядь, - сказала она, - дай мне руку. Ну, да, я плакала... Чему же ты удивляешься? Разве это легко? - Она опять указала на письмо.

Литвинов сел.

- Я знаю, что это нелегко, Ирина, я то же самое говорю тебе в моем письме... Я понимаю твое положение. Но если ты веришь в значение твоей любви для меня, если слова мои тебя убедили, ты должна также понять, что я чувствую теперь при виде твоих слез. Я пришел сюда как подсудимый и жду: что мне объявят? Смерть или жизнь? Твой ответ все решит. Только не гляди на меня такими глазами... Они напоминают мне прежние, московские глаза.

Ирина вдруг покраснела и отвернулась, как будто сама чувствуя что-то неладное в своем взоре.

- Что ты это говоришь, Григорий? Как не стыдно тебе! Ты желаешь знать мой ответ... да разве ты можешь в нем сомневаться! Тебя смущают мои слезы... но ты их не понял. Твое письмо, друг мой, навело меня на размышления. Вот ты пишешь, что моя любовь для тебя все заменила, что даже все твои прежние занятия теперь должны остаться без применения; а я спрашиваю себя, может ли мужчина жить одною любовью? Не прискучит ли она ему наконец, не захочет ли он деятельности и не будет ли он пенять на то, что его от нее отвлекло? Вот какая мысль меня пугает, вот чего я боюсь, а не то, что ты предполагал.

Литвинов внимательно поглядел на Ирину, и Ирина внимательно поглядела на него, точно каждый из них желал глубже и дальше проникнуть в душу другого, глубже и дальше того, чего может достигнуть, что может выдать слово.

- Ты напрасно этого боишься, - начал Литвинов, я, должно быть, дурно выразился. Скука? Бездействие? При тех новых силах, которые мне даст твоя любовь? О Ирина, поверь, в твоей любви для меня целый мир, и я сам еще не могу теперь предвидеть все, что может развиться из него!

Ирина задумалась.

- Куда же мы поедем? - шепнула она.

- Куда? Об этом мы еще поговорим. Но, стало быть... стало быть, ты согласна? согласна, Ирина?

Она посмотрела на него.

- И ты будешь счастлив?

- О Ирина!

- Ни о чем жалеть не будешь? Никогда?

Она нагнулась к картону с кружевами и снова принялась перебирать их.

- Не сердись на меня, мой милый, что я в подобные минуты занимаюсь этим вздором... Я принуждена ехать на бал к одной даме, мне прислали эти тряпки, и я должна выбрать сегодня. Ах! мне ужасно тяжело! - воскликнула она вдруг и приложилась лицом к краю картона. Слезы снова закапали из ее глаз... Она отвернулась: слезы могли попасть на кружева.

- Ирина, ты опять плачешь, - начал с беспокойством Литвинов.

- Ну да, опять, - подхватила Ирина. Ах, Григорий, не мучь меня, не мучь себя!.. Будем свободные люди! Что за беда, что я плачу! Да и я сама, понимаю ли я, отчего льются эти слезы? Ты знаешь, ты слышал мое решение, ты уверен, что оно не изменится, что я согласна на... как ты это сказал?.. на все или ничего... чего же еще? Будем свободны! К чему эти взаимные цепи? Мы теперь одни с тобою, ты меня любишь; я люблю тебя; неужели нам только и дела, что выпытывать друг у друга наши мнения? Посмотри на меня, я не хотела рисоваться перед тобою, я ни единым словом не намекнула о том, что мне, может быть, не так-то легко было попрать супружеские обязанности... а я ведь себя не обманываю, я знаю, что я преступница и что он вправе меня убить. Ну и что же! Будем свободны, говорю я. День наш - век наш.

Она встала с кресла и посмотрела на Литвинова сверху вниз, чуть улыбаясь и щурясь и обнаженною до локтя рукою отводя от лица длинный локон, на котором блистали две-три капли слез. Богатая кружевная косынка соскользнула со стола и упала на пол, под ноги Ирины. Она презрительно наступила на нее.

- Или я тебе не нравлюсь сегодня? Подурнела я со вчерашнего дня? Скажи мне, часто видал ты более красивую руку? А эти волосы? Скажи, любишь ты меня?

Она обхватила его обеими руками, прижала его голову к своей груди, гребень ее зазвенел и покатился, и рассыпавшиеся волосы обдали его пахучею и мягкою волной.

XXIV

Литвинов расхаживал по комнате у себя в гостинице, задумчиво потупив голову. Ему предстояло теперь перейти от теории к практике, изыскать средства и пути к побегу, к переселению в неведомые края... Но, странное дело! он ни столько размышлял об этих средствах и путях, как о том, действительно ли, несомненно ли состоялось решение, на котором он так упорно настаивал? Было ли произнесено окончательное, бесповоротное слово? Но ведь Ирина сказала ему при прощании: "Делай, делай, и когда будет готово, предуведомь только". Кончено! В сторону все сомнения... Надо приступить.

И Литвинов приступил - пока - к соображениям. Прежде всего деньги. У Литвинова налицо оказалась тысяча триста двадцать восемь гульденов, на французскую монету - две тысячи восемьсот пятьдесят пять франков, сумма незначительная; но на первые потребности хватит, а там надо тотчас написать отцу, чтобы он выслал елико возможно; продал бы лес, часть земли... Но под каким предлогом?.. Ну, предлог найдется. Ирина говорила, правда, о своих bijoux, но это никак в соображение принимать не следует: это, кто знает, про черный день пригодится. Притом в наличности находился также хороший женевский полухронометр, за который можно получить... ну, хоть четыреста франков. Литвинов отправился к банкиру и завел обиняком речь о том, что нельзя ли, при случае, занять денег; но банкиры в Бадене народ травленый и осторожный и в ответ на подобные обиняки немедленно принимают вид преклонный и увялый, ни дать ни взять полевой цветок, которому коса надрезала стебель; некоторые же бодро и смело смеются вам в лицо, как бы сочувствуя вашей невинной шутке. Литвинов, к стыду своему, попытал даже счастье свое на рулетке, даже - о позор! - поставил талер на тридцатый нумер, соответствовавший числу его лет. Он это сделал в видах увеличения и округления капитала; и он действительно если не увеличил, то округлил этот капитал, спустив излишние двадцать восемь гульденов.

Второй вопрос, тоже немаловажный: это паспорт. Но для женщины паспорт не так обязателен, и есть страны, где его вовсе не требуют. Бельгия, например, Англия; наконец, можно и не русский паспорт достать. Литвинов очень серьезно размышлял обо всем этом: решимость его была сильная, без малейшего колебания, а между тем, против его воли, мимо его воли, что-то несерьезное, почти комическое проступало, просачивалось сквозь все его размышления, точно самое его предприятие было делом шуточным и никто ни с кем никогда не бегивал в действительности, а только в комедиях да романах, да, пожалуй, где-нибудь в провинции, в каком-нибудь чухломском или сызранском уезде, где, по уверению одного путешественника, людей со скуки даже рвет подчас. Пришло тут Литвинову на память, как один из его приятелей, отставной корнет Бацов, увез на ямской тройке с бубенчиками купеческую дочь, напоив предварительно родителей, да и самое невесту, и как потом оказалось, что его же надули и чуть ли не приколотили вдобавок. Литвинов чрезвычайно сердился на самого себя за подобные неуместные воспоминаиия и тут же, вспомнив Татьяну, ее внезапный отъезд, все это горе, и страдание, и стыд, слишком глубоко почувствовал, что дело он затеял нешуточное и как он был прав, когда говорил Ирине, что для самой его чести другого исхода не оставалось... И снова при одном этом имени что-то жгучее мгновенно, с сладостной болью, обвилось и замерло вокруг его сердца.

Конский топот раздался за ним... Он посторонился... Ирина верхом обогнала его; рядом с нею ехал тучный генерал. Она узнала Литвинова, кивнула ему головой и, ударив лошадь по боку хлыстиком, подняла ее в галоп, потом вдруг пустила ее во всю прыть. Темный вуаль ее взвился по ветру...

- Pas si vite! Nom de Dieu! pas si vite!- закричал генерал и тоже поскакал за нею

XXV

На другое утро Литвинов только что возвратился домой от банкира, с которым еще раз побеседовал об игривом непостоянстве нашего курса и лучшем способе высылать за границу деньги, как швейцар вручил ему письмо. Он узнал почерк Ирины и, не срывая печати, - недоброе предчувствие, бог знает почему, проснулись в нем, - ушел к себе в комнату. Вот что прочел он (письмо было написано по-французски): "Милый мой! я всю ночь думала о твоем предложении... Я не стану с тобой лукавить. Ты был откровенен со мною, и я буду откровенна: я не могу бежать с тобою, я не в силах это сделать. Я чувствую, как я перед тобою виновата; вторая моя вина еще больше первой, - я презираю себя, свое малодушие, я осыпаю себя упреками, но я не могу себя переменить. Напрасно я доказываю самой себе, что я разрушила твое счастие, что ты теперь, точно, вправе видеть во мне одну легкомысленную кокетку, что я сама вызвалась, сама дала тебе торжественные обещания... Я ужасаюсь, я чувствую ненависть к себе, но я не могу поступать иначе, не могу, не могу. Я не хочу оправдываться, не стану говорить тебе, что я сама была увлечена... все это ничего не значит; но я хочу сказать тебе и повторить, и повторить еще раз: я твоя, твоя навсегда, располагай мною, как хочешь, когда хочешь, безответно и безотчетно, я твоя... Но бежать, все бросить... нет! нет! нет! Я умоляла тебя спасти меня, я сама надеялась все изгладить, сжечь все как в огне... Но, видно, мне нет спасения; видно, яд слишком глубоко проник в меня; видно, нельзя безнаказанно в течение многих лет дышать этим воздухом! Я долго колебалась, писать ли тебе это письмо, мне страшно подумать, какое ты примешь решение, я надеюсь только на любовь твою ко мне. Но я сочла, что было бы бесчестным с моей стороны не сказать тебе правды - тем более что ты, быть может, уже начал принимать первые меры к исполнению нашего замысла. Ах! он был прекрасен, но несбыточен. О мой друг, считай меня пустою, слабою женщиной, презирай меня, но не покидай меня, не покидай твоей Ирины!.. Оставить этот свет я не в силах, но и жить в нем без тебя не могу. Мы скоро вернемся в Петербург, приезжай туда, живи там, мы найдем тебе занятия, твои прошедшие труды не пропадут, ты найдешь для них полезное применение... Только живи в моей близости, только люби меня, какова я есть, со всеми моими слабостями и пороками, и знай, что ничье сердце никогда не будет так нежно тебе предано, как сердце твоей Ирины. Приходи скорее ко мне, я не буду иметь минуты спокойствия, пока я тебя не увижу.

Твоя, твоя, твоя И. "

Молотом ударила кровь в голову Литвинова, а потом медленно и тяжело опустилась на сердце и так камнем в нем и застыла. Он перечел письмо Ирины и, как в тот раз в Москве, в изнеможении упал на диван и остался неподвижным. Темная бездна внезапно обступила его со всех сторон, и он глядел в эту темноту бессмысленно и отчаянно. Итак, опять, опять обман, или нет, хуже обмана - ложь и пошлость... И жизнь разбита, все вырвано с корнем, дотла, и то единственное, за которое еще можно было ухватиться - та последняя опора, - вдребезги тоже! "Поезжай за нами в Петербург, - повторял он с горьким внутренним хохотом, - мы там тебе найдем занятия... " "В столоначальники, что ли, меня произведут? И кто эти мы? Вот когда сказалось ее прошедшее! Вот то тайное, безобразное, которого я не знаю, но которое она пыталась было изгладить и сжечь как бы в огне! Вот тот мир интриг, тайных отношений, историй Бельских, Дольских... И какая будущность, какая прекрасная роль меня ожидает! Жить в ее близости, посещать ее, делить с ней развращенную меланхолию модной дамы, которая и тяготится и скучает светом, а вне его круга существовать не может, быть домашним другом ее и, разумеется, его превосходительства... пока... пока минет каприз и приятель-плебей потеряет свою пикантность и тот же тучный генерал или господин Фиников его заменит - вот это возможно, и приятно, и, пожалуй, полезно...

119

говорит же она о полезном применении моих талантов! - а тот умысел несбыточен! несбыточен... " В душе Литвинова поднимались, как мгновенные удары ветра перед грозой, внезапные, бешеные порывы... Каждое выражение в письме Ирины возбуждало его негодование, самые уверения ее в неизменности ее чувства оскорбляли его. "Этого нельзя так оставить, - воскликнул он наконец, - я не позволю ей так безжалостно играть моею жизнию... "

Литвинов вскочил, схватил шляпу. Но что было делать? Бежать к ней? Отвечать на ее письмо? Он остановился и опустил руки

Да; что было делать?

Не сам ли он предложил ей тот роковой выбор? Он выпал не так, как ему хотелось... Всякий выбор подвержен этой беде. Она изменила свое решение, правда; она сама, первая, объявила, что бросит все и последует за ним, правда и то; но она и не отрицает своей вины, она прямо называет себя слабою женщиной; она не хотела обмануть его, она сама в себе обманулась... Что на это возразить? По крайней мере, она не притворяется, не лукавит... она откровенна с ним, беспощадно откровенна.

Ничто не заставляло ее тотчас высказываться, ничто не мешало ей успокоивать его обещаниями, оттягивать и оставлять все в неизвестности до самого отъезда... до отъезда с мужем в Италию! Но она жизнь его загубила, она две жизни загубила!.. Мало ли чего нет!

А перед Татьяной виновата не она, виноват он, один он, Литвинов, и не имеет он права стряхивать с себя ту ответственность, которую железным ярмом на него наложила его вина... Все так; но что же теперь оставалось делать?

Он снова бросился на диван, и снова темно, и глухо, и бесследно, с пожирающею быстротой, побежали мгновения...

"А не то послушаться ее? - мелькнуло в его голове. Она меня любит, она моя, и в самом нашем влечении друг к другу, в этой страсти, которая, после стольких лет, с такой силой пробилась и вырвалась наружу, нет ли чего-то неизбежного, неотразимого, как закон природы? Жить в Петербурге... да разве я первый буду находиться в таком положении? Да и где бы мы приютились с ней.. эх. И он задумался, и образ Ирины в том виде, в каком он навек напечатлелся в его последних воспоминаниях, тихо предстал перед ним...

Но ненадолго... Он опомнился и с новым порывом негодования оттолкнул прочь от себя и те воспоминания, и тот обаятельный образ.

"Ты мне даешь пить из золотой чаши, - воскликнул он, - но яд в твоем питье, и грязью осквернены твои белые крылья... Прочь! Оставаться здесь с тобою, после того как я... прогнал, прогнал мою невесту... бесчестное, бесчестное дело!" Он стиснул горестно руки, и другое лицо, с печатью

120

страданья на неподвижных чертах, с безмолвным укором в прощальном взоре, возникло из глубины... И долго так еще мучился Литвинов; долго, как трудный больной, металась из стороны в сторону его истерзанная мысль... Он утих наконец; он наконец решился. С самой первой минуты он предчувствовал это решение... оно явилось ему сначала как отдаленная, едва заметная точка среди вихря и мрака внутренней борьбы; потом оно стало надвигаться все ближе и ближе и кончило тем, что врезалось холодным лезвием в его сердце.

Литвинов снова вытащил свой чемодан из угла, снова уложил, не торопясь и даже с какою-то тупою заботливостью, все свои вещи, позвонил кельнера, расплатился и отправил к Ирине записку на русском языке следующего содержания:

"Не знаю, больше ли вы теперь передо мной виноваты, чем тогда; но знаю, что теперешний удар гораздо сильнее... Это конец. Вы мне говорите: "Я не могу"; и я вам повторяю тоже: "Я не могу... того, что вы хотите, Не могу и не хочу". Не отвечайте мне. Вы не в состоянии дать мне единственный ответ, который я бы принял. Я уезжаю завтра рано с первым поездом. Прощайте, будьте счастливы... Мы, вероятно, больше не увидимся".

Литвинов до самой ночи не выходил из своей комнаты; ждал ли он чего, бог ведает! Около семи часов вечера дама в черной мантилье, с вуалем на лице, два раза подходила к крыльцу его гостиницы. Отойдя немного в сторону и поглядев куда-то вдаль, она вдруг сделала решительное движение рукой и в третий раз направилась к крыльцу...

- Куда вы, Ирина Павловна? - раздался сзади ее чей-то напряженный голос.

Она обернулась с судорожною быстротой... Потугин бежал к ней.

Она остановилась, подумала и так и бросилась к нему, взяла его под руку и увлекла в сторону.

- Уведите, уведите меня, - твердила она, задыхаясь.

- Что с вами, Ирина Павловна? - пробормотал он, изумленный.

- Уведите меня, - повторила она с удвоенною силой, - если вы не хотите, чтоб я навсегда осталась... там!

Потугин наклонил покорно голову, и оба поспешно удалились.

На следующее утро, рано, Литвинов уже совсем собрался в дорогу - в комнату к нему вошел... тот же Потугин.

Он молча приблизился к нему и молча пожал ему руку. Литвинов тоже ничего не сказал. У обоих были длинные лица, и оба напрасно старались улыбнуться.

- Я пришел пожелать вам счастливого пути, промолвил наконец Потугин.

- А почему вы знаете, что я уезжаю сегодня? - спросил Литвинов.

Потугин поглядел вокруг себя по полу...

- Мне это стало известным... как видите. Наш последний разговор получил под конец такое странное направление... Я не хотел расстаться с вами, не выразив вам моего искреннего сочувствия.

- Вы сочувствуете мне теперь... когда я уезжаю?

Потугин печально посмотрел на Литвинова.

- Эх, Григорий Михайлыч, Григорий Михайлыч, начал он с коротким вздохом, - не до того нам теперь, не до тонкостей и препираний. Вы вот, сколько я мог заметить, довольно равнодушны к родной словесности и потому, быть может, не имеете понятия о Ваське Буслаеве?

- О ком?

- О Ваське Буслаеве, новогородском удальце... в сборнике Кирши Данилова.

- Какой Буслаев? - промолвил Литвинов, несколько озадаченный таким неожиданным оборотом речи. Я не знаю.

- Ну, все равно. Так вот я на что хотел обратить ваше внимание. Васька Буслаев, после того как увлек своих новгородцев на богомолье в Ерусалим и там, к ужасу их, выкупался нагим телом в святой реке Иордане, ибо не верил "ни в чох, ни в сон, ни в птичий грай", - этот логический Васька Буслаев взлезает на гору Фавор, а на вершине той горы лежит большой камень, через который всякого роду люди напрасно пытались перескочить... Васька хочет тоже свое счастье изведать. И попадается ему на дороге мертвая голова, человечья кость; он пихает ее ногой. Ну и говорит ему голова: "Что ты пихаешься? Умел я жить, умею и в пыли валяться - и тебе то же будет". И точно: Васька прыгает через камень, и совсем было перескочил, да каблуком задел и голову себе сломил. И тут я кстати должен заметить, что друзьям моим славянофилам, великим охотникам пихать ногою всякие мертвые головы да гнилые народы, не худо бы призадуматься над этою былиной.

- Да к чему все это? - перебил наконец с нетерпеньем Литвинов. Мне пора, извините...

- А к тому, - отвечал Потугин, и глаза его засветились таким дружелюбным чувством, какого Литвинов даже не ожидал от него, - к тому, что вот вы не отталкиваете мертвой человечьей головы и вам, быть может, за вашу доброту и удастся перескочить через роковой камень. Не стану я вас больше удерживать, только вы позвольте обнять вас на прощанье.

- Я и пытаться не буду прыгать, - промолвил Литвинов, троекратно целуясь с Потугиным, и к скорбным ощущениям, переполнявшим его душу, примешалось на миг сожаление об одиноком горемыке. Но надо ехать, ехать... - Он заметался по комнате.

- Хотите, я вам понесу что-нибудь? - предложил свои услуги Потугин.

- Нет, благодарствуйте, не беспокойтесь, я сам... Он надел шапку, взял в руки мешок. Итак, вы говорите, - спросил он, уже стоя на пороге, - вы видели ее?

- Да, видел.

- Ну... и что же она?

Потугин помолчал.

- Она вас ждала вчера... и сегодня ждать вас будет.

- А! Ну так скажите ей... Нет, не нужно, ничего не ну нужно. Прощайте... Прощайте!

- Прощайте, Григорий Михайлыч... Дайте мне еще вам слово сказать. Вы еще успеете меня выслушать: до отхода железной дороги осталось больше получаса. Вы возвращаетесь в Россию... Вы будете там... со временем... действовать... Позвольте же старому болтуну - ибо я, увы! болтун, и больше ничего - дать вам напутственный совет. Всякий раз, когда вам придется приниматься за дело, спросите себя: служите ли вы цивилизации - в точном и строгом смысле слова, - проводите ли одну из ее идей, имеет ли вашим труд тот педагогический, европейский характер, который единственно полезен и плодотворен в наше время, у нас? Если так - идите смело вперед вы на хорошем пути, и дело ваше - благое! Слава богу! Вы не одни теперь. Вы не будете "сеятелем пустынным": завелись уже и у нас труженики... пионеры... Но вам теперь не до того. Прощайте, не забывайте меня!

Литвинов бегом спустился с лестницы, бросился в карету и доехал до железной дороги, не оглянувшись ни разу на город, где осталось столько его собственной жизни... Он как будто отдался волне: она подхватила его, понесла, и он твердо решился не противиться ее влечению... От всякого другого изъявления воли он отказался.

Он уже садился в вагон.

- Григорий Михайлович... Григорий... - послышался за его спиной умоляющий шепот.

Он вздрогнул... Неужели Ирина? Точно: она. Закутанная в шаль своей горничной, с дорожною шляпою на неубранных волосах, она стоит на платформе и глядит на него померкшими глазами. "Вернись, вернись, я пришла за тобой", говорят эти глаза. И чего, чего не сулят они! Она не движется, не в силах прибавить слово; все в ней, самый беспорядок ее одежды, все как бы просит пощады...

Литвинов едва устоял на ногах, едва не бросился к ней... Но та волна, которой он отдался, взяла свое... Он вскочил в вагон и, обернувшись, указал Ирине на место возле себя. Она поняла его. Время еще не ушло. Один только шаг, одно движение, и умчались бы в неведомую даль две навсегда соединенные жизни... Пока она колебалась, раздался громкий свист, и поезд двинулся.

Литвинов откинулся назад, а Ирина подошла, шатаясь, к скамейке и упала на нее, к великому изумлению заштатного дипломата, случайно забредшего на железную дорогу. Он мало был знаком с Ириной, но очень ею интересовался и, увидав, что она лежит, как в забытьи, подумал, что с ней случилась une attaque de nerfs, а потому счел своим долгом, долгом d'un galant chevalier, прийти ей на помощь. Но изумление его приняло гораздо большие размеры, когда при первом слове, к ней обращенном, она вдруг поднялась, оттолкнула предложенную руку и, выбежав на улицу, чрез несколько мгновений исчезла в молочной мгле тумана, столь свойственного шварцвальдскому климату в первые осенние дни.

XXVI

Нам случилось однажды войти в избу крестьянки, только что потерявшей единственного, горячо любимого сына, и, к немалому нашему удивлению, найти ее совершенно спокойною, чуть не веселою. "Не замайте, сказал ее муж, от которого, вероятно, не скрылось это удивление, - она теперь закостенела". И Литвинов так же "закостенел". Такое же спокойствие нашло на него в первые часы его путешествия. Совершенно уничтоженный и безнадежно несчастный, он, однако, отдыхал, отдыхал после тревог и терзаний последней недели, после всех этих ударов, раз за разом обрушившихся на его голову. Они тем сильнее его потрясли, чем менее он был создан для подобных бурь. Он уж точно ни на что не надеялся теперь и старался не вспоминать - пуще всего не вспоминать; он ехал в Россию... - надо же было куда-нибудь деваться! - но уже никаких, лично до собственной особы касающихся, предположений не делал. Он не узнавал себя; он не понимал своих поступков, точно он свое настоящее "я" утратил, да и вообще он в этом "я" мало принимал участия. Иногда ему сдавалось, что он собственный труп везет, и лишь пробегавшие изредка горькие судороги неизлечимой душевной боли напоминали ему, что он еще носится с жизнью. По временам ему казалось непостижимым, каким образом может мужчина - мужчина! - допустить такое влияние на себя женщины, любви... "Постыдная слабость!" - шептал он и встряхивал шинелью и плотнее усаживался: вот, дескать, старое кончено, начнем новое... Минута - и он только улыбался горько и дивился самому себе. Он принялся глядеть в окно. День стоял серый и сырой; дождя не было, но туман еще держался и низкие облака заволокли все небо. Ветер дул навстречу поезду; беловатые клубы пара, то одни, то смешанные с другими, более темными клубами дыма, мчались бесконечною вереницей мимо окна, под которым сидел Литвинов. Он стал следить за этим паром, за этим дымом. Беспрерывно взвиваясь, поднимаясь и падая, крутясь и цепляясь за траву, за кусты, как бы кривляясь, вытягиваясь и тая, неслись клубы за клубами: они непрестанно менялись и оставались те же... Однообразная, торопливая, скучная игра! Иногда ветер менялся, дорога уклонялась - вся масса вдруг исчезала и тотчас же виднелась в противоположном окне; потом опять перебрасывался громадный хвост и опять застилал Литвинову вид широкой прирейнской равнины. Он глядел, глядел, и странное напало на него размышление... Он сидел один в вагоне: никто не мешал ему. "Дым, дым", - повторил он несколько раз; и все вдруг показалось ему дымом, все, собственная жизнь, русская жизнь - все людское, особенно все русское. Все дым и пар, думал он; все как будто беспрестанно меняется, всюду новые образы, явления бегут за явлениями, а в сущности все то же да то же; все торопится, спешит куда-то - и все исчезает бесследно, ничего не достигая; другой ветер подул - и бросилось все в противоположную сторону, и там опять та же безустанная, тревожная и - ненужная игра. Вспомнилось ему многое, что с громом и треском совершалось на его глазах в последние годы.. Дым, шептал он, дым; вспомнились горячие споры, толки и крики у Губарева, у других, высоко-и низкопоставленных, передовых и отсталых, старых и молодых людей... Дым, повторял он, дым и пар. Вспомнился, наконец, и знаменитый пикник, вспомнились и другие суждения и речи других государственных людей - и даже все то, что проповедовал Потугин... дым, дым, и больше ничего. А собственные стремления, и чувства, и попытки, и мечтания? Он только рукой махнул.

А между тем поезд бежал да бежал; уже давно и Раштадт, и Карлсруэ, и Брухзаль остались назади; горы с правой стороны дороги сперва отклонились, ушли вдаль, потом надвинулись опять, но уже не столь высокие и реже покрытые лесом... Поезд круто повернул в сторону... вот и Гейдельберг. Вагоны подкатились под навес станции; раздались крики разносчиков, продающих всякие, даже русские, журналы; путешественники завозились на своих местах, вышли на платформу; но Литвинов не покидал своего уголка и продолжал сидеть, потупив голову. Вдруг кто-то назвал его по имени; он поднял глаза: рожа Биндасова просунулась в окно, а за ним - или это ему только померещилось? - нет, точно, все баденские, знакомые лица: вот Суханчикова, вот Ворошилов, вот и Бамбаев; все они подвигаются к нему, а Биндасов орет:

- А где же Пищалкин? Мы его ждали; но все равно; вылезай, сосюля, мы все к Губареву.

- Да, братец, да, Губарев нас ждет, - подтвердил, выдвигаясь, Бамбаев, вылезай. Литвинов рассердился бы, если б не то мертвое бремя, которое лежало у него на сердце. Он глянул на Биндасова и отвернулся молча.

- Говорят вам, здесь Губарев! - воскликнула Суханчикова, и глаза ее чуть не выскочили.

Литвинов не пошевелился.

- Да послушай, Литвинов, - заговорил наконец Бамбаев, - здесь не один только Губарев, здесь целая фаланга отличнейших, умнейших молодых людей, русских - и все занимаются естественными науками, все с такими благороднейшими убеждениями! Помилуй, ты для них хоть останься. Здесь есть, например, некто... эх! фамилию забыл! но это просто гений!

- Да бросьте его, бросьте его, Ростислав Ардалионыч, - вмешалась Суханчикова, - бросьте! Вы видите, что он за человек; и весь его род такой. Тетка у него есть; сначала мне показалась путною, а третьего дня еду я с ней сюда - она перед тем только что приехала в Баден, и глядь! уж назад летит, ну-с, еду я с ней, стала ее расспрашивать... Поверите ли, слова от гордячки не добилась. Аристократка противная!

Бедная Капитолина Марковна - аристократка! Ожидала ли она подобного посрамления?!

А Литвинов все молчал, и отвернулся, и фуражку на глаза надвинул. Поезд тронулся наконец.

- Да скажи хоть что-нибудь на прощанье, каменный ты человек! - закричал Бамбаев. - Этак ведь нельзя!

- Дрянь! колпак! - завопил Биндасов. Вагоны катились все шибче и шибче, и он мог безнаказанно ругаться. - Скряга! слизняк! каплюжник!!

Изобрел ли Биндасов на месте это последнее наименование, перешло ли оно к нему из других рук, только оно, по-видимому, очень понравилось двум тут же стоявшим благороднейшим молодым людям, изучавшим естественные науки, ибо несколько дней спустя оно уже появилось в русском периодическом листке, издававшемся в то время в Гейдельберге под заглавием: "A toyt venant je crache!" - или: "Бог не выдаст, свинья не съест".

А Литвинов опять затвердил свое прежнее слово: дым, дым, дым! Вот, думал он, в Гейдельберге теперь более сотни русских студентов; все учатся химии, физике, физиологии - ни о чем другом и слышать не хотят... А пройдет пять-шесть лет, и пятнадцати человек на курсах не будет у тех же знаменитых профессоров... ветер переменится, дым хлынет в другую сторону... дым... дым... дым!

К ночи он проехал мимо Касселя. Вместе с темнотой тоска несносная коршуном на него спустилась, и он заплакал, забившись в угол вагона. Долго текли его слезы, не облегчая сердца, но как-то едко и горестно

126

терзая его; а в то же время в одной из гостиниц Касселя, на постели, в жару горячки, лежала Татьяна; Капитолина Марковна сидела возле нее.

- Таня, - говорила она, - ради бога, позволь мне послать телеграмму к Григорию Михайловичу; позволь, Таня.

- Нет, тетя, - отвечала она, - не надо, не пугайся. Дай мне воды; это скоро пройдет.

И действительно, неделю спустя здоровье ее поправилось, и обе подруги продолжали свое путешествие.

XXVII

Не останавливаясь ни в Петербурге, ни в Москве, Литвинов вернулся в свое поместье. Он испугался, увидав отца: до того тот похилел и опустился. Старик обрадовался сыну, насколько может радоваться человек, уже покончивший с жизнью; тотчас сдал ему все, сильно расстроенные, дела и, проскрипев еще несколько недель, сошел с земного поприща. Литвинов остался один в своем ветхом господском флигельке и с тяжелым сердцем, без надежды, без рвения и без денег - начал хозяйничать. Хозяйничанье в России невеселое, слишком многим известное дело; мы не станем распространяться о том, как солоно оно показалось Литвинову. О преобразованиях и нововведениях, разумеется, не могло быть и речи; применение приобретенных за границею сведений отодвинулось на неопределенное время; нужда заставляла перебиваться со дня на день, соглашаться на всякие уступки - и вещественные и нравственные. Новое принималось плохо, старое всякую силу потеряло; неумелый сталкивался с недобросовестным; весь поколебленный быт ходил ходуном, как трясина болотная, и только одно великое слово "свобода" носилось как божий дух над водами. Терпение требовалось прежде всего, и терпение не страдательное, а деятельное, настойчивое, не без сноровки, не без хитрости подчас... Литвинову, при душевном его настроении, приходилось вдвойне тяжело. Охоты жить в нем оставалось мало... Откуда же было взяться охоте хлопотать и работать?

Но минул год, за ним минул другой, начинался третий. Великая мысль осуществлялась понемногу, переходила в кровь и плоть: выступил росток из брошенного семени, и уже не растоптать его врагам - ни явным, ни тайным. Сам Литвинов хотя кончил тем, что отдал большую часть земли крестьянам исполу, т. е. обратился к убогому, первобытному хозяйству, однако кой в чем успел: возобновил фабрику, завел крошечную ферму с пятью вольнонаемными работниками, - а перебывало их у него

127

целых сорок, - расплатился с главными частными долгами... И дух в нем окреп: он снова стал походить на прежнего Литвинова. Правда, грустное, глубоко затаенное чувство не покидало его никогда, и затих он не по летам, замкнулся в свой тесный кружок, прекратил все прежние сношения... Но исчезло мертвенное равнодушие, и среди живых он снова двигался и действовал, как живой. Исчезли также и последние следы овладевшего им очарования: как сквозь сон являлось ему все, что произошло в Бадене... А Ирина?.. И она побледнела и скрылась тоже, и только смутно чуялось Литвинову что-то опасное под туманом, постепенно окутавшим ее образ. О Татьяне изредка доходили вести; он знал, что она вместе с своею теткой поселилась в своем именьице, верстах в двухстах от него, живет тихо, мало выезжает и почти не принимает гостей, - а впрочем, покойна и здорова. Вот однажды в прекрасный майский день сидел он у себя в кабинете и безучастно перелистывал последний нумер петербургского журнала; слуга вошел к нему и доложил о приезде старика-дяди. Дядя этот доводился двоюродным братом Капитолине Марковне и недавно посетил ее. Он купил имение по соседству Литвинова и пробирался туда. Целые сутки погостил он у своего племянника и много рассказывал о житье-бытье Татьяны. На другой день после его отъезда Литвинов отправил к ней письмо, первое после их разлуки. Он просил позволения возобновить хотя письменное знакомство и также желал знать, навсегда ли он должен покинуть мысль когда-нибудь с ней увидеться? Не без волнения ожидал он ответа... ответ пришел, наконец. Татьяна дружелюбно откликнулась на его запрос. "Если вам вздумается нас посетить, - так кончала она, - милости просим, приезжайте: говорят, даже больным легче вместе, чем порознь". Капитолина Марковна присоединяла свой поклон. Как дитя, обрадовался Литвинов; уже давно и ни от чего так весело не билось его сердце. И легко ему стало вдруг, и светло... Так точно, когда солнце встает и разгоняет темноту ночи, легкий ветерок бежит вместе с солнечными лучами по лицу воскреснувшей земли. Весь этот день Литвинов все посмеивался, даже когда обходил свое хозяйство и отдавал приказания. Он тотчас стал снаряжаться в дорогу, а две недели спустя он уже ехал к Татьяне.

XXVIII

Ехал он довольно медленно, проселками, без особенных приключений: раз только шина лопнула на заднем колесе; кузнец ее сваривал-сваривал, обругал и ее и себя, да так и бросил; к счастью, оказалось, что и с лопнувшею шиной можно у нас прекрасно путешествовать, особенно по "мякенькому", то есть по грязи. Зато с Литвиновым произошли две-три довольно любопытные встречи. На одной станции он застал мировой съезд и в челе его Пищалкина, который произвел на него впечатление Солона или Соломона: такою возвышенною мудростью дышали его речи, с таким безграничным уважением относились к нему и помещики и крестьяне... И по наружности Пищалкин стал походить на древнего мудреца: волосы его на темени вылезли, а пополневшее лицо совершенно застыло в какое-то величавое желе уже ничем не обузданной добродетели. Он поздравил Литвинова с прибытием "в мой - если смею употребить такое амбиционное выражение - собственный уезд", а впрочем, тут же так и замер в припадке благонамеренных ощущений. Одно известие он, однако, успел сообщить, а именно о Ворошилове. Витязь с золотой доски снова поступил на военную службу и уже успел прочесть лекцию офицерам своего полка "о буддизме" или "динамизме", что-то в этом роде... Пищалкин хорошенько не помнил. На другой станции Литвинову долго не закладывали лошадей; дело было на утренней зорьке, и он задремал, сидя в своей коляске. Голос, показавшийся ему знакомым, разбудил его: он раскрыл глаза...

Господи! да не г-н ли Губарев стоит в серой куртке и отвислых спальных панталонах на крыльце почтовой избы и ругается?.. Нет, это не г-н Губарев... Но какое поразительное сходство!.. Только у этого барина рот еще шире и зубастее, и взор понурых глаз еще свирепее, и нос крупнее.. и борода гуще, и весь облик еще грузнее и противнее.

- Па-адлецы, па-адлецы! - твердил он медленно и злобно, широко разевая свой волчий рот. Мужичье поганое... Вот она... хваленая свобода-то... и лошадей не достанешь... па-адлецы!

- Па-адлецы, па-адлецы! - послышался тут другой голос за дверями, и на крыльце предстал - тоже в серой куртке и отвислых спальных панталонах, предстал на этот раз, действительно, несомненно, сам настоящий господин Губарев, Степан Николаевич Губарев. Мужичье поганое! - продолжал он в подражание брату (оказалось, что первый господин был его старший брат, "тот дантист" прежней школы, который заправлял его имением). - Бить их надо, вот что, по мордам бить; вот им какую свободу - в зубы... Толкуют... волостной голова!.. Я б их!.. Да где же этот мусье Ростон?.. Чего же он смотрит?.. Это его дело, дармоеда этакого... до беспокойства не доводить...

- А я ж вам сказывал, братец, - заговорил Губарев старший, - что он ни на что не годен, именно дармоед! Только вы вот по старой памяти... Мусье Ростон, мусье Ростон!.. Где ты пропадаешь?

- Ростон! Ростон! - закричал младший, великий Губарев. - Да покличьте же его хорошенько, братец Доримедонт Николаич.

- Я и то, братец Степан Николаич, его кличу. Мусье Ростон!

- Вот я, вот я, вот я! - послышался торопливый голос, и из-за угла избы выскочил - Бамбаев.

Литвинов так и ахнул. На злосчастном энтузиасте плачевно болталась обтерханная венгерка с прорехами на рукавах; черты его не то что переменились, а скривились и сдвинулись, перетревоженные глазки выражали подобострастный испуг и голодную подчиненность; но крашеные усы по-прежнему торчали над пухлыми губами. Братья Губаревы немедленно и дружно принялись распекать его с вышины крыльца; он остановился перед ними внизу, в грязи, и, униженно сгорбив спину, пытался умилостивить робкою улыбочкой, и картуз мял в красных пальцах, и ногами семенил, и бормотал, что лошади, мол, сейчас явятся... Но братья не унимались, пока младший не вскинул наконец глазами на Литвинова. Узнал ли он его, стыдно ли ему стало чужого человека, только он вдруг повернулся на пятках, по-медвежьи, и, закусив бороду, заковылял в станционную избу; братец тотчас умолк и, тоже повернувшись по-медвежьи, отправился за ним вслед. Великий Губарев, видно, и на родине не утратил своего влияния.

Бамбаев побрел было за братьями... Литвинов кликнул его по имени. Он оглянулся, воззрелся и, узнав Литвинова, так и ринулся к нему с протянутыми руками; но, добежав до коляски, ухватился за дверцы, припал к ним грудью и зарыдал в три ручья.

- Полно, полно же, Бамбаев, - твердил Литвинов, наклонясь над ним и трогая его за плечо.

Но он продолжал рыдать.

- Вот... вот... вот до чего... - бормотал он, всхлипывая.

- Бамбаев! - загремели братья в избе. Бамбаев приподнял голову и поспешно утер слезы.

- Здравствуй, душа моя, - прошептал он, здравствуй и прощай!.. Слышишь, зовут.

- Да какими судьбами ты здесь? - спросил Литвинов, - и что все это значит? Я думал, они француза зовут...

- Я у них... домовым управляющим, дворецким, отвечал Бамбаев и ткнул пальцем в направлении избы. А во французы я попал так, для шутки. Что, брат, делать! Есть ведь нечего, последнего гроша лишился, так поневоле в петлю полезешь. Не до амбиции.

- Да давно ли он в России? и как же он с прежними товарищами разделался?

- Э! брат! Это теперь все побоку... Погода, вишь, переменилась... Суханчикову, Матрену Кузьминишну, просто в шею прогнал. Та с горя в Португалию уехала.

130

- Как в Португалию? Что за вздор?

- Да, брат, в Португалию, с двумя матреновцами.

- С кем?

- С матреновцами: люди ее партии так прозываются.

- У Матрены Кузьминишны есть партия? И многочисленна она?

- Да вот именно эти два человека. А он с полгода скоро будет как сюда воротился. Других под сюркуп взяли, а ему ничего. В деревне с братцем живет, и послушал бы ты теперь...

- Бамбаев!

- Сейчас, Степан Николаич, сейчас. А ты, голубчик, процветаешь, наслаждаешься! Ну и слава богу! Куда это тебя несет теперь?.. Вот не думал, не гадал... Помнишь Баден? Эх, было житье! Кстати, Биндасова тоже ты помнишь? Представь, умер. В акцизные попал да подрался в трактире: ему кием голову и проломили. Да, да, тяжелые подошли времена! А все же я скажу: Русь... экая эта Русь! Посмотри хоть на эту пару гусей: ведь в целой Европе ничего нет подобного. Настоящие арзамасские!

И, заплатив эту последнюю дань неистребимой потребности восторгаться, Бамбаев побежал в станционную избу, где опять и не без некоторых загвоздок произносилось его имя.

К концу того же дня Литвинов подъезжал к Татьяниной деревне. Домик, где жила бывшая его невеста, стоял на холме, над небольшой речкой, посреди недавно разведенного сада. Домик тоже был новенький, только что построенный, и далеко виднелся через речку и поле. Литвинову он открылся версты за две с своим острым мезонином и рядом окошек, ярко рдевших на вечернем солнце. Уже с последней станции он чувствовал тайную тревогу; но тут просто смятение овладело им, смятение радостное, не без некоторого страха. "Как меня встретят, - думал он, - как я предстану? эх. Чтобы чем-нибудь развлечься, он заговорил с ямщиком, степенным мужиком с седою бородой, который, однако, взял с него за тридцать верст, тогда как и двадцати пяти не было. Он спросил его: знает ли он Шестовых помещиц?

- Шестовых-то? Как не знать! Барыни добрые, что толковать! Нашего брата тоже лечат. Верно говорю. Лекарки! К ним со всего округа ходят. Право. Так и ползут. Как кто, например, заболел, или порезался, или что, сей час к ним, и они сей час примочку там, порошки или флястырь - и ничего, помогает. А благодарность представлять не моги; мы, говорят, на это не согласны; мы не за деньги. Школу тоже завели... Ну, да это статья пустая!

Пока ямщик рассказывал, Литвинов не спускал глаз с домика... Вот женщина в белом вышла на балкон, постояла, постояла и скрылась... "Уж не она ли?" Сердце так и подпрыгнуло в нем. "Скорей! скорей!" - крикнул он на ямщика: тот погнал лошадей. Еще несколько мгновений... и коляска вкатилась в раскрытые ворота... А на крыльце уже стояла Капитолина Марковна и, вся вне себя, хлопая в ладоши, кричала: "Я узнала, я первая узнала! Это он! это он!.. Я узнала!"

Литвинов выскочил из коляски, не дав подбежавшему казачку открыть дверцы, и, торопливо обняв Капитолину Марковну, бросился в дом, через переднюю, в залу... Перед ним, вся застыдившись, стояла Татьяна. Она взглянула на него своими добрыми, ласковыми глазами (она несколько похудела, но это шло к ней) и подала ему руку. Но он не взял руки, он упал перед ней на колени. Она никак этого не ожидала и не знала, что сказать, что делать... Слезы выступили у ней на глаза. Испугалась она, а все лицо расцветало радостью... "Григорий Михайлыч, что это, Григорий Михайлыч?" - говорила она... а он продолжал лобызать край ее одежды... и с умилением вспомнилось ему, как он в Бадене так же лежал перед ней на коленях... Но тогда - и теперь!

- Таня, - твердил он, - Таня, ты меня простила, Таня?

- Тетя, тетя, что ж это? - обратилась Татьяна к вошедшей Капитолине Марковне.

- Не мешай, не мешай ему, Таня, - отвечала добрая старушка, - видишь: повинную голову принес.

Однако пора кончить; да и прибавлять нечего; читатель догадается и сам... Но что ж Ирина?

Она все так же прелестна, несмотря на свои тридцать лет; молодые люди влюбляются в нее без счета и влюблялись бы еще более, если б... если б...

Читатель, не угодно ли вам перенестись с нами на несколько мгновений в Петербург, в одно из первых тамошних зданий? Смотрите: перед вами просторный покой, убранный не скажем богато - это выражение слишком низменно, - но важно, представительно, внушительно. Чувствуете ли вы некий трепет подобострастия? Знайте же: вы вступили в храм, в храм, посвященный высшему приличию, любвеобильной добродетели, словом: неземному. Какая-то тайная, действительная тайная тишина вас объемлет. Бархатные портьерки у дверей, бархатные занавески у окон, пухлый, рыхлый ковер на полу, все как бы предназначено и приспособлено к укрощению, к смягчению всяких грубых звуков и сильных ощущений. Тщательно завешанные лампы внушают степенные чувства; благопристойный запах разлит в спертом воздухе, самый самовар на столе шипит сдержанно и скромно. Хозяйка дома, особа важная в петербургском мире, говорит чуть слышно; она всегда говорит так, как будто в комнате находится трудный, почти умирающий больной; другие дамы, в подражание ей, едва шепчут; а сестра ее, разливающая чай, уже совсем беззвучно шевелит губами, так что сидящий перед ней молодой человек, случайно попавший в храм приличия, даже недоумевает, чего она от него хочет? а она в шестой раз шелестит ему: "Voulez-vous une tasse de the"? По углам виднеются молодые благообразные мужчины: тихое искательство светится в их взорах; безмятежно тихо, хотя и вкрадчиво, выражение их лиц; множество знаков отличия тихо мерцает на их грудях. Беседа ведется тоже тихая; касается она предметов духовных и патриотических, "Таинственной капли" Ф. Н. Глинки, миссий на Востоке, монастырей и братчиков в Белоруссии. Изредка, глухо выступая по мягкому ковру, проходят ливрейные лакеи; громадные их икры, облеченные в тесные шелковые чулки, безмолвно вздрагивают при каждом шаге; почтительное трепетание дюжих мышц только усугубляет общее впечатление благолепия, благонамеренности, благоговения... Это храм! это храм!

- Видели вы сегодня госпожу Ратмирову? - коротко спрашивает одна особа.

- Я встретила ее сегодня у Lise, - отвечает эоловою арфой хозяйка, - мне жаль ее... У ней ум озлобленный... elle n'a pas la foi.

- Да, да, - повторяет особа... - это, помнится, Петр Иваныч про нее сказал, и очень верно сказал, qu'elle a... qu'ella a l' озлобленный ум.

- Elle n'a pas la foi, - испаряется, как дым кадильный, голос хозяйки. C'est une ame egaree. У ней озлобленный ум.

- У ней озлобленный ум, - повторяет одними губами сестра.

И вот отчего молодые люди не все сплошь влюбляются в Ирину... Они ее боятся... они боятся ее "озлобленного ума". Такая составилась о ней ходячая фраза; в этой фразе, как во всякой фразе, есть доля истины. И не одни молодые люди ее боятся; ее боятся и взрослые, и высокопоставленные лица, и даже особы. Никто не умеет так верно и тонко подметить смешную или мелкую сторону характера, никому не дано так безжалостно заклеймить ее незабываемым словом... И тем больнее жжется это слово, что исходит оно из благоухающих, прекрасных уст... Трудно сказать, что происходит в этой душе: но в толпе ее обожателей молва ни за кем не признает названия избранника.

Муж Ирины быстро подвигается на том пути, который у французов называется путем почестей. Тучный генерал обскакивает его; снисходительный остается сзади. И в том же городе, где проживает Ирина, проживает и наш приятель, Созонт Потугин: он редко с ней видится, и нет для нее особенной надобности поддерживать с ним связь... Та девочка, которую поручили его попечениям, недавно умерла.

www.ingramcontent.com/pod-product-compliance
Lightning Source LLC
Chambersburg PA
CBHW020702260626
47157CB00008B/3105